幼儿园
语言教育活动指导与设计

福州市儿童学园　编

海峡出版发行集团 THE STRAITS PUBLISHING & DISTRIBUTING GROUP | 福建人民出版社 FUJIAN PEOPLE'S PUBLISHING HOUSE

本书编委会

前　言

语言是一种复杂的符号系统，是人与人沟通的重要桥梁。3～6岁是幼儿语言发展的关键期，在这一阶段，幼儿对外界的刺激较敏感，容易接收外界的信息，如果成人能适时地为幼儿提供丰富而适宜的语言环境，幼儿的语言能力能得到有效的提升。因此，我园根据幼儿的需要多形式地开展了各类语言教育活动，通过日常生活活动、游戏活动和其他领域教育教学活动对幼儿进行随机的语言渗透教育，积极探索促进幼儿语言能力发展的新方式，总结实践成果并编制成书。

《幼儿园语言教育活动指导与设计》是一本理论性与实践性相结合的图书，是我园全体教师教育实践的结晶，也是我园全体教师大胆课改、认真钻研的成果。本书分为五章，围绕幼儿园语言教育中的“谈话活动”“讲述活动”“听说游戏”“文学活动”“早期阅读活动”展开阐述。我们期待它的出版能为幼儿园教师开展语言教育活动提供可资借鉴的教育参考，帮助幼儿园教师提升专业素养和专业能力，让它成为幼教工作者的良师益友。

至2017年，我园已有67年的办园历史。多年来，我园曾多次承担了国家、省、市级多项课题研究。2002年，我园被确定为国家级课改试点园，承担了国家教育部“十五”重点课题“贯彻《幼儿园教育指导纲要（试行）》行动计划”中的子课题“幼儿园一日活动中建构积极有效师幼互动”的行动研究，出版了《幼儿园一日活动中建构积极有效师幼互动的行动研究》一书；2011年，我园参加福建省基础教育课程教学研究课题“强化多向互动，培养幼儿前阅

读、前书写能力的系列研究”等课题研究工作，取得了丰硕的成果。我园本着以“科研带教研，以教研促科研”的精神，不断激发教师们的工作热情和创新能力，从而使我园的教育质量得到不断的提升。这一路走来，我们得到了福州市教育局领导的关心、指导，得到福建师范大学学前教育专家的专业引领。在此，表示衷心的感谢！

本书指导篇由本人以及张岚、黄有芳、赵葵、吴晓鹃、林雯编写；活动案例由我园教师设计及实施，本人负责全书的审定和统稿工作。在编写过程中，我们参考了有关文献和资料，但限于水平，本书难免有错误、疏漏和不当之处，恳请同行批评指正。

福州市儿童学园园长　叶钟

2017 年 3 月

目　录

第一章　幼儿园谈话活动指导与设计

第一节　幼儿园谈话活动指导

一、幼儿园谈话活动的含义

幼儿园谈话活动是培养幼儿在一定范围内使用语言与他人进行交流的能力的语言教育活动。幼儿园谈话活动在使幼儿形成良好的倾听行为和表述行为方面具有重要的作用。

二、幼儿园谈话活动的特点

（一）具有一个有趣的中心话题

谈话活动应有一个明确的中心话题。谈话活动的话题是源自幼儿生活、生动有趣的。如进餐时，教师可引导幼儿从色、香、味、营养等角度谈论今天的饭和菜；游戏活动时，教师可引导幼儿从玩法、规划、活动情况等方面展开交谈……同时，教师还可引导幼儿在自然环境中进行实物拟人化的谈话，例如开展“凳子的秘密”“电视机的悄悄话”等活动。

（二）注重多方面的信息交流

幼儿园的谈话活动注重幼儿运用语言与他人进行多方面的信息交流，具体表现在：

1. 语言信息量较大，语言内容丰富。

2. 语言交流对象多样，可以与同伴、教师交谈，也可以在集体面前讲述。

3. 语言交流方式多，包括教师与幼儿之间、幼儿与教师之间、幼儿与幼儿之间的个别交谈和集体交谈。

（三）拥有宽松自由的语言交谈气氛

谈话活动应在宽松自由的气氛中进行，具体体现在：想法表达自由，幼儿可自由地将自己的想法表达出来，与大家共享；语言运用自由，不要求幼儿运用准确无误的语言表达；话题拓展自由，幼儿可各抒己见，自由发挥。

（四）教师在活动过程中起间接引导的作用

在谈话活动中，教师可以用提问的方式提出或转换话题，以不断的提问引领幼儿谈话的思路，把握幼儿谈话的方式；也可以以平行谈话的方式为幼儿做隐形示范。

三、幼儿园谈话活动的教育价值

（一）鼓励幼儿自由表达，发展语言表达能力

在各种类型的幼儿园语言教育活动中，谈话活动具有更加宽松自由的交谈气氛，允许幼儿根据个人感受，针对谈论主题说自己想说的话，表达自己独特的经验，能有效地促进幼儿语言表达能力的发展。

（二）引导幼儿大胆想象，发展想象力和思维能力

幼儿交谈时语言信息量较大，思路相对开阔。在与他人的交流碰撞中，幼儿不断激发想象，不断拓展话题，这能有效地促进幼儿的想象力和思维能力的发展。

四、幼儿园谈话活动的目标

（一）总目标

1. 学习倾听他人的谈话，及时捕捉有效的语言信息。
2. 学习围绕一定的话题谈话，充分表达个人见解。
3. 掌握语言交谈的基本规则，提高语言表达水平。

（二）各年龄班目标

1. 小班

（1）能安静倾听别人说话，不随便插嘴。

（2）喜欢与同伴交流，愿意在集体面前讲话。

（3）学说普通话，能用普通话与他人交流。

（4）能用短句大胆地表达自己的请求和愿望。

（5）初步学习常见的交往语言和礼貌用语。

2. 中班

（1）能集中注意力，耐心地倾听别人说话，不随意打断别人的讲话。

（2）乐意与同伴交流，能大方地在集体面前说话。

（3）能用普通话较连贯地表达自己的意思。

（4）学会围绕一定的话题谈话，不跑题。

（5）学会用轮流的方式谈话，不乱说、不插嘴。

3. 大班

（1）能主动、积极地倾听别人说话，理解别人谈话的主要内容。

（2）能用普通话大胆、连续地表达，主动与他人交流。

（3）学会观察，能完整地讲述事件的过程。

（4）学会用轮流的方式谈话，并能用恰当的语言表达自己的情感，与同伴分享感受。

五、幼儿园谈话活动的指导策略

（一）创设谈话情境，引出谈话话题

创设幼儿喜欢的谈话情境，引出谈话话题是谈话活动开展的前提。如在中班谈话活动“保护自己”中，教师以片段情境表演的形式，引出谈话的话题，并营造轻松的谈话氛围，引导幼儿围绕话题展开谈话。

（二）引导幼儿围绕话题自由交谈

谈话活动的话题必须是该年龄段幼儿感兴趣的，这样才能让幼儿有话可

说。如在小班下学期开展“玩具总动员”系列活动的基础上，教师开展了“我们班的玩具多”的谈话活动，引导幼儿围绕自己喜爱的玩具展开交流，正确说出3～5种玩具的名称和玩法，知道玩过玩具之后要按类别摆放。

（三）引导幼儿逐步拓展谈话范围

谈话活动的许多话题是可以拓展延伸的。如在中班谈话活动“火灾与消防”中，活动结束后，教师要求家长“引导幼儿通过询问与收集资料的方法了解遇到地震、洪水、海啸时的自救方法”。这样，教师便很好地拓展了有关防灾减灾的话题。

六、各年龄班谈话活动的指导策略

（一）小班

1. 在一日生活的各个环节中，鼓励幼儿大胆、清楚地表达自己的想法。

小班幼儿年龄小，较难长时间集中注意力。因此，谈话活动不一定都采取集中教学活动的形式，教师可以在一日生活的各个环节（主要包括盥洗、餐点、饮水、如厕、散步、整理等），以多种形式引导和渗透为主要方法，培养幼儿大胆、大方、大声表达的习惯。如在小班“自己事情自己做”的系列活动中，在每天的盥洗环节，教师引导幼儿以“怎样洗手更干净”为话题展开个别交流，交流过程显得自然、主动。幼儿每天都在互相交流“我是怎样洗手的”，在潜移默化中，幼儿之间很快就熟悉了，而且生活自理能力也提高了。

2. 寻找幼儿感兴趣的生活话题，引导幼儿用语言交流。

兴趣是最好的老师，教师要善于捕捉幼儿感兴趣的话题，鼓励幼儿用语言交流。如在小班谈话活动“我喜欢的水果”中，教师选取的是幼儿最感兴趣的关于“吃”的话题，以猜谜的方式引入话题，鼓励幼儿从水果的颜色、形状、气味、味道等方面，用较完整的语言与同伴交流喜欢的水果的名称及特征。

3. 多采用师幼交流的形式。

小班幼儿限于语言能力的发展水平，谈话时较少主动、自发地发起谈话。

在小班的谈话活动中，谈话的话题多由教师发起。教师应引导幼儿积极参与谈话活动，鼓励幼儿表达。如在小班谈话活动“我们班的玩具多”中，教师设计了“认一认、说一说：我喜欢的玩具”“说一说、玩一玩：好玩的玩具”“摆一摆、放一放：玩具找家”等环节，引导幼儿在活动中大胆表达。

（二）中班

1. 引导幼儿克服胆怯心理，大胆表达。

许多中班幼儿存在着胆子小、羞于在众人面前说话的语言表达障碍。教师应鼓励存在这些问题的幼儿主动与教师和同伴交流，帮助这些幼儿克服胆怯心理，能大胆地与人交谈。如在中班“我是值日生”的系列活动中，教师设计了“竞选小助手”“报餐”等需要幼儿在集体面前表达的环节。在教师的引导与鼓励下，大部分幼儿能够克服胆怯的心理，大胆表达；暂时不能在集体面前表达的个别幼儿，教师继续通过家园合作帮助其逐步克服胆怯的心理。

2. 注意丰富幼儿的词汇量。

丰富的词汇量是幼儿自由表达的基础。因此，在日常的活动中，教师要创设丰富的语言环境，为幼儿提供大量符合其经验的词语，引导幼儿在适合的语境中使用。在日积月累中，幼儿能够掌握大量、丰富的词语，语言表达能力也能不断提升。

3. 让幼儿学会倾听。

“听”是“说”的基础。学会倾听，不仅是幼儿语言学习的重要途径之一，而且是幼儿间、师幼间有效开展交流对话的前提。幼儿只有养成良好的听的习惯，才能更好地与他人交流。因此，教师要注重幼儿倾听习惯的培养。

4. 鼓励幼儿之间的相互交流。

幼儿之间的相互交流，是一种很好的语言学习方式。因此，在谈话活动中，教师要多创设这样的机会。如在中班“保护自己”谈话活动中，教师创设了多次让幼儿表达的机会，鼓励幼儿围绕中心话题积极与同伴交谈，清晰地表达自己的经验与见解，形成自我保护的意识。

（三）大班

1. 鼓励幼儿正确发音、口齿清晰地表达。

大班幼儿的口头语言表达能力，已经从讲简单句子发展到能讲较复杂的

句子，甚至能连贯地、有序地讲一段完整的话，并能根据句子前后关系适当地用上一些关联词。因此，到了大班阶段，开展谈话活动的重点在于引导幼儿学习规范的语言表达。语句不完整、语序颠倒是大班幼儿在交谈过程中较常出现的一种语病。例如，在学习“先……再……最后……”关联词的语言活动中，教师先进行示范表达，而后要求幼儿结合已有的生活经验，运用“先……再……最后……”关联词进行描述性表达。通过同伴之间的互动交流，大部分幼儿很快地掌握了句式，能够规范并发音准确地进行表达。

2. 日常生活中采取自由谈话、随机谈话等形式，培养幼儿的语言表达能力。

教师可以根据幼儿的不同特点，在日常生活中与幼儿随机展开交流。如我园的一名幼儿，平时少言寡语、不善于表达，他每次拿了材料以后，就在活动室的一角自己玩，能较快地根据材料的玩法完成操作，有时也会自己轻声地描述玩的过程。为了让他能更大胆地说，教师经常有意地靠近他，鼓励他当区域保管员向教师讲解材料玩法，对他的点滴进步给予及时的表扬。几次活动以后，他慢慢地会主动地与教师交流了。于是，教师又让他试着说给旁边的同伴听，几周以后，教师发现原来他并不是不爱说话，只是一直不敢说。日常生活中采取自由谈话、随机谈话等形式与幼儿交流，能够为幼儿“减压”，这也是促进幼儿语言表达能力发展的好方法。

3. 活动结束时可拓展下次谈话交流的话题。

大班幼儿的生活经验较丰富，也愿意表达自己的生活体验，所以在谈话活动结束时，教师可以根据谈话内容引出新的谈话主题。如在大班谈话活动“故事大王筹备会”中，活动接近尾声，教师说：“你们想参加故事大王比赛吗？可以回家和爸爸妈妈一起选择参赛的故事，一起来报名参赛吧！”很自然地拓展出下次谈话活动的话题“我来参赛”，为下次的谈话活动作铺垫。

4. 采取师幼交流、幼幼间两两交流、幼儿与家长交流等多种谈话方式。

在大班谈话活动“中国的姓氏”中，教师引导幼儿紧紧围绕有关“姓氏”的话题展开讨论。话题设计层层深入、环环紧扣，旨在引导幼儿围绕话题大胆地表达自己的想法。活动前，教师鼓励幼儿与家长开展亲子谈话，了解自己及家庭成员的姓氏情况。活动中，教师充分挖掘姓氏的谈话内容，从“你姓什么”谈起，延伸到谈谈姓是怎么来的等话题。从活动中可以看出，层层深入的话题能够引导幼儿由浅入深、循序渐进地了解中国的姓氏，为幼儿提供了充分表达自己对姓氏的理解的平台。

第二节 幼儿园谈话活动设计

我们班的玩具多（小班）

设计者：邹 靓

活动目标

✲乐意参加谈话活动，能正确说出3～5种玩具的名称和玩法。

✲知道玩过玩具之后要按类别摆放，学会收拾玩具。

✲体验幼儿园玩具的有趣。

活动准备

∵经验准备：幼儿认识并玩过班上的玩具。

∵物质准备：收集部分班级已有的玩具，玩具架（事先将玩具架上的玩具分类摆放，并在玩具架和玩具筐上贴上相应的图标，玩具筐中预留一些空间，便于幼儿学习归类摆放；各类玩具预留一部分，混装在一个单独的玩具筐内）。

活动过程

一、出示部分玩具，引导幼儿表达自己所认识的玩具。

教师：这是什么玩具？除了这些玩具，我们班还有哪些好玩的玩具？

二、认一认、说一说：我喜欢的玩具。

1. 引导语。

教师：我们一起到玩具架前面，看看我们班有哪些玩具。

2. 引导幼儿有序地观察玩具架上的各种玩具，看一看、摸一摸，然后说一说各种玩具的名称和玩法。

3. 集中交流，鼓励每个幼儿说出3～5种（或更多）玩具的名称以及这些玩具的玩法。

4. 小结。

教师：我们班有许多好玩的玩具，有汽车、机器人等自己会动的玩具，有套圈、沙包等体育玩具，有可以建造“美丽公园”的好玩的积木玩具。

三、说一说、玩一玩：好玩的玩具。

1. 出示事先预留的玩具，引导幼儿说出筐内玩具的名称，并简单介绍这些玩具的玩法。

2. 幼儿分小组玩自己喜欢的玩具。

四、摆一摆、放一放：玩具找家。

1. 引导语。

教师：小朋友刚才玩的玩具要回家了，它们的家在哪里？我们要怎么摆放才不会混乱，才能方便以后取放呢？

2. 小结。

教师：我们班的玩具种类真多，小朋友们都很喜欢玩，为了方便大家取放，我们要按类摆放，玩过之后要放回原处，一定要按标记摆放好。

我喜欢的水果（小班）

设计者：刘　琴

活动目标

✲能与同伴交流喜欢的水果的名称及颜色、形状、气味、味道等方面的特征。

✲能倾听同伴的发言，养成良好的倾听习惯。

✲喜欢参加谈话活动，体验与同伴交流的快乐。

活动准备

✣经验准备：幼儿对常见水果的名称及特征已有初步的认识。

✣物质准备：放有橘子等几种常见水果的水果展示台。

✣环境创设：创设“多多商店”的情境，“多多商店”中摆放有水果卡片（总数多于幼儿人数）。

活动过程

一、猜谜导入，激发幼儿参与活动的兴趣。

教师：今天水果宝宝来我们这儿做客，请你们猜猜它们是谁。

（谜语：圆圆一个黄灿灿，剥开一瓣又一瓣，吃上一口酸又甜，小朋友们都爱它。——橘子）

二、师幼共同观察水果展示台，引导幼儿大胆讲述自己喜欢的水果的名称及特征。

1. 集中交流，引导幼儿用“我喜欢××”句式讲述自己喜欢的水果。

教师：请你们用“我喜欢××”的句子说一说自己喜欢的水果。

2. 引导幼儿运用多种感官去探索水果，并讲述常见水果的明显特征。

教师：这些水果一样吗？有什么不同？

3. 引导幼儿从颜色、形状、气味、味道等方面交流喜欢的水果的名称及特征，并倾听同伴发言。

教师：你最喜欢哪种水果？和你身边的小朋友说一说它是什么颜色、什么味道的，它的形状像什么。认真听其他小朋友的发言。

4. 小结。

教师：不同水果有的味道不一样、有的颜色不一样、有的形状不一样，但都有营养。多吃水果对人的身体有好处。

三、开展“买水果”游戏，引导幼儿选择自己最喜欢的水果进行交流。

1. 引导语。

教师：“多多商店”运来了许多水果，小朋友可以到“多多商店”里购买自己喜欢的水果。

2. 提出游戏要求。

教师：每个小朋友购买一个水果，买完后找一个朋友互相说说你买到了什么水果，它是什么颜色、什么形状的，它像什么。说对了才能把水果卡片带回家。

3. 幼儿玩“买水果”游戏，教师巡回指导幼儿用完整的语言讲述买到的水果的名称和特征。

四、品尝水果，欣赏儿歌《水果歌》，结束活动。

活动资料

水　果　歌

黄黄的香蕉像月亮，红红的苹果像太阳，
绿绿的西瓜像气球，紫紫的葡萄像汤圆，
小朋友们一起吃，吃得肚皮圆又圆。

保护自己（中班）

设计者：林　雯

活动目标

✲能围绕“不跟陌生人走”话题，清楚地表达自己的经验与见解。

✽学会应对陌生人搭讪的方法，形成自我保护的意识。

✽愿意与教师、同伴交谈，萌发对谈话活动的兴趣。

活动准备

∵资源利用：事先排练好“情境一”“情境二”中的表演。

活动过程

一、以观看“小剧场”的表演引入，激发幼儿参与活动的兴趣。

教师：今天“小剧场”里发生了什么事？我们一起去看看吧。

二、引导幼儿观看情境表演，交流应对陌生人搭讪的方法，培养自我保护的意识和能力。

1. 情境一：一个陌生的阿姨敲门后进入教室，对某幼儿说：“我是你妈妈的朋友，她今天没空来接你了，让我来接你回家，跟我走吧！”

（1）幼儿两两交流。

教师：和身边的小伙伴说一说你看到了什么，能不能跟陌生阿姨走呢？

（2）师幼共同讨论“情境一”表演。

教师：为什么不能跟陌生的阿姨走？我们要等谁来接才能走？那陌生人硬拉着你走，怎么办？

（3）小结。

教师：小朋友千万不能跟陌生人走，要等爸爸妈妈或者爷爷奶奶、外公外婆来接。如果陌生人硬拉着你跟他走，你要反抗，大声呼救。

2. 情境二：几个幼儿正在游戏，一个陌生的阿姨走过来，对其中一个幼儿说：“小朋友真可爱，阿姨给你吃巧克力。”

（1）幼儿两两交流。

教师：和身边的小伙伴说一说你看到了什么。

（2）师幼共同讨论“情境二”表演。

教师：陌生人给你的东西能不能吃？为什么不能吃？可以怎么跟陌生人说？

（3）小结。

教师：陌生人给你礼物或好吃的东西时，不能要。

三、开展游戏“看谁说得对”，引导幼儿交流在生活中如何自我保护。

1. 引导语。

教师：现在我们来玩一个“看谁说得对”游戏，小朋友分成两个小组，认真听老师的问题，看看哪组的小朋友回答得又快又好。

2. 提出问题。

（1）在商店里，你不小心和家人走失了，该怎么办？

（2）你一个人在家时，若有人敲门或门铃响了，该怎么办？

3. 小结。

教师：在商店里和家人走失了，不能乱跑，更不能跑出商店，应站在原地等待家人，可以大声呼叫，也可以就近向商店的工作人员求助。一个人在家时，有人敲门或门铃响了，绝对不能开门，可以打电话给家人。

活动延伸

★家园共育：引导幼儿回家和家长一起说说遇到坏人该怎样保护自己。

火灾与消防（中班）

设计者：郑凌彬

活动目标

✻能围绕“火灾”话题，大胆表达自己的观点。

✻学会在小组中轮流发言，倾听他人的发言，理解他人的语意。

✻喜欢参加谈话活动。

活动准备

⁘经验准备：幼儿在“安全5分钟”教育活动中已初步了解了火灾发生的原因和火灾对人类的危害，参加过消防演练。

⁘物质准备：有关火灾的视频，火灾警报声录音，播放器，火灾自救梳理图示。

活动过程

一、以观看火灾视频引出谈话话题，引导幼儿用较完整、生动的语言表达自己所看到的画面。

1. 引导语。

教师：今天我们来看一段视频，认真看看视频里发生了什么事。

2. 幼儿两两交流。

教师：请你和旁边的小朋友互相说说你看到了什么。

3. 集体交流。

教师：你看到了什么？火灾会给人们带来什么样的危害？

二、引导幼儿模拟演练火灾逃生的过程，围绕“火灾自救”话题分组交流。

1. 模拟火灾现场，开展安全逃生演练。

(1) 师幼共同讨论安全逃生路线和方法。

(2) 播放火灾警报声，指导幼儿使用正确的方法有序疏散。

(3) 集体交流。

教师：你刚才是怎么逃生的？

2. 幼儿分组讨论交流遇到火灾怎么办、如何自救。

(1) 提出分组交流的要求。

教师：请每个小组的小朋友轮流说，说的小朋友要大声地说清楚；听的小朋友要认真听同伴的发言，向说的小朋友提一个问题。

(2) 幼儿小组讨论。

3. 集中交流自救方法，教师用火灾自救梳理图示梳理幼儿的发言。

三、拓展谈话经验，引导幼儿谈一谈如何预防火灾。

1. 集中交流预防火灾的方法。

2. 小结。

教师：我们知道了火灾的危害以及预防火灾的方法，在生活中小朋友们不能玩火，以避免发生火灾。

活动延伸

★家园共育：请幼儿回家后与家长交流火灾的自救逃生方法，并请家长引导幼儿通过询问与收集资料的方法了解遇到地震、洪水、海啸时的自救方法。

点子公司（大班）

设计者：魏林彤

活动目标

✲能大胆想象，并用较连贯、完整、生动的语句表达自己的想法。

✲具有初步运用标志、符号记录的能力。

✲积极参加谈话活动，萌发对出点子的创造性想象活动的兴趣。

活动准备

✣经验准备：幼儿已对符号的使用达成一定共识，能用符号记录“宝宝日记”。

✣物质准备：画有爱睡懒觉的小兔、生病住院的小猫、上学的小老虎、小动物们在小猴家做客的图片，幼儿人手一张记录纸、一支笔。

活动过程

一、以故事引题，激发幼儿参与出点子活动的兴趣。

教师：森林里的狐狸先生开了一家点子公司，这是一家专门帮别人想办法、出主意、解决困难的公司。森林里的动物们遇到困难都找点子公司帮忙。狐狸先生快忙不过来了，你们愿意帮助动物们出点子吗？

二、多形式鼓励幼儿参加谈话活动，大胆想象，并用较连贯、完整的语句表达自己的想法。

1. 自由交流。

（1）结合图片，引导幼儿讨论如何帮助刺猬老板把积压的帽子卖出去。

教师：这不，狐狸先生刚接到刺猬老板的电话，请它帮忙出个好点子，将积压的帽子卖出去，你们来帮刺猬老板出个点子吧，想好后，把你的点子和好朋友说一说。

（2）幼儿相互交流自己的想法。

（3）用简单的符号、标志记录幼儿的点子。

教师：谁愿意来介绍自己想的点子？

（4）在幼儿的发言内容较局限时，可抛出辅助性的问题启发幼儿。

教师：想一想你和爸爸妈妈逛街的时候，商店里的售货员是采取什么样的方法卖东西的。

2. 分组交流。

（1）一边展示图片，一边提出几个需要出点子的事情。

教师：怎样帮助爱睡懒觉的小兔上学不迟到？怎样帮助生病住院的小猫不感到孤单？小老虎要上小学了，怎样才能交到新朋友？小动物们要去小猴家做客，小猴要怎么当好小主人呢？

（2）提出分组活动的要求。

教师：每个小朋友都要参加，把自己的点子先用符号记录下来，使用符号记录的时候可以互相帮助，再在小组中大声、连贯、完整地说给同伴听；

要认真听其他小朋友的发言；每个小组评选出一个“金点子”，一会儿派出代表在集体中交流；点子要尽量和别人不一样。

（3）幼儿分组交流。

（4）重点帮助语言表达能力较弱的幼儿大声、连贯、完整地表达，鼓励幼儿发挥创意，提醒幼儿在小组活动中学会合作学习。

3. 集中交流、分享。

（1）每个幼儿自由地和同伴分享自己出的点子。

（2）每组选出的代表在集体中讲述本组所评选出的“金点子”。

三、鼓励幼儿今后遇事多动脑筋、想办法，要乐于助人。

教师：小朋友们今天都想出了许多好点子，在以后的生活中，我们也要常常开动脑筋，解决生活中的难题。

中国的姓氏（大班）

设计者：林嘉颖

活动目标

✼能围绕“姓氏”话题，清楚地表达自己的经验与见解，感知姓的传承的意义。

✼能倾听他人讲话，大胆地在集体中表达。

✼愿意与教师、同伴交谈，萌发对中华姓氏文化的兴趣。

活动准备

⁘经验准备：活动前引导幼儿了解家庭成员及周围人的姓氏（单姓、复姓），有意识地了解自己姓名的意义。

⁘物质准备：幼儿人手一张写有自己名字的名片，印有不同姓氏的插卡，课件“百家姓”。

活动过程

一、鼓励幼儿大胆介绍自己，激发幼儿谈话的兴趣。

1. 引导语。

教师：今天来了很多的客人老师想跟小朋友们交朋友，我们一起带上自己的名片有礼貌地介绍自己的姓和名，好吗？

2. 请个别幼儿在集体中介绍自己的姓和名，引导幼儿了解每个人的姓名组成——前面是姓，后面是名。

二、引导幼儿大胆地表达自己对姓氏的理解。

1. 话题一：你姓什么？

（1）提问。

教师：你姓什么？班上或家里有没有跟你同姓的人？

（2）幼儿自由表达，教师引导幼儿围绕姓氏展开谈话，提醒幼儿倾听同伴的发言。

①引导幼儿围绕班级中幼儿的姓氏异同展开谈话，也可围绕姓氏（单姓、复姓）展开谈话。

②引导幼儿围绕“谁与自己同姓”的话题大胆地表达自己的经验。

2. 话题二：姓是怎么来的？

（1）提问。

教师：你为什么是这个姓？是谁传给你的？

（2）幼儿自由表达，教师引导幼儿围绕姓氏的传承展开谈话。

①先引导幼儿围绕自己的姓氏展开谈话，再扩展到家人姓氏传承方面的话题。

②以提问形式帮助幼儿在谈话中进一步加深对中国姓氏传承的理解。

教师：爷爷和爸爸的姓是谁传给他们的？

3. 话题三：你还知道其他更多的姓吗？

（1）引导语。

教师：除了班上小朋友和家里人的姓，我们中国还有很多很多的姓。今天来了这么多的客人老师，一定会有老师跟我们有不一样的姓，他们肯定也知道很多不同的姓，我们一起去和他们聊一聊，好吗？

（2）幼儿自由选择对象谈话。

①鼓励幼儿大胆地与客人老师交流。

②幼儿每说出一种姓氏，教师则将姓氏卡插在黑板上。

（3）师幼谈话。

①教师：你们和客人老师聊完后，还知道了哪些姓？

②鼓励幼儿大胆表达自己谈话的结果。

4. 师幼共同欣赏课件“百家姓”。

三、引导幼儿大胆地表达对自己姓名意义的理解。

1. 提问。

教师：你为什么叫这个名字？

2. 幼儿两两交谈，教师鼓励幼儿围绕自己名字的意义进行谈话。

活动延伸

★家园共育：请幼儿回家后和家长一起学念儿歌《百家姓》，并继续收集身边认识的人的姓。

活动资料

百　家　姓（儿歌）

赵钱孙李，周吴郑王，
冯陈褚卫，蒋沈韩杨，
朱秦尤许，何吕施张，
孔曹严华，金魏陶姜，
从小背熟百家姓，
人人夸我好儿郎。

第二章　幼儿园讲述活动指导与设计

第一节　幼儿园讲述活动指导

一、幼儿园讲述活动的含义

幼儿园讲述活动是一种有目的、有计划地培养幼儿语言表达能力的语言教育活动，是教师根据幼儿的生活经验，选取一定的材料，引导幼儿运用比较完整、连贯的语言表达想法、描述事物，帮助幼儿逐步获得独立构思和较完整、连贯表述的语言经验的一种教学活动。

二、幼儿园讲述活动的类型

（一）看图讲述活动

看图讲述活动是指在教师的启发下，幼儿在观察图片、理解图意的基础上，根据图片提供的线索，运用恰当的语句表达图意的一种语言教育活动。

（二）情境讲述活动

情境讲述活动是指在教师的引导下，幼儿观看表演内容，并将所看到的一系列动作、情节及连续性事件等，用语言讲述出来的一种语言教育活动。

（三）生活经验讲述活动

生活经验讲述活动是指在教师指导下，幼儿根据已有生活经验，借助一定的凭借物，围绕一个主题，用语言讲述自己生活中所经历的或见过的、具有深刻印象或感兴趣的事情的一种语言教育活动。

（四）创造性讲述活动

创造性讲述活动是指幼儿运用凭借物（图片、情境、实物或由操作材料构成的讲述对象），根据已有的生活经验，独立构思、充分想象，创编出一段话或一个小故事的一种语言教育活动。

1. 续编故事活动。

续编故事活动是指教师讲述故事的一部分内容，在情节转折处中断故事后，引导幼儿编出故事的其余部分，并组成完整的故事情节的一种语言教育活动。

2. 构图讲述活动。

构图讲述活动是指教师不直接向幼儿提供讲述的凭借物，而是为幼儿提供或与幼儿共同准备构成讲述对象的操作材料，幼儿按自己的意愿独立构思并进行操作，然后讲述自己构思的故事情节或说出一段话的一种语言教育活动。

构图讲述又分为以下三种。

（1）选图讲述，是指教师向幼儿提供若干张单个物体的图片（如不同动态的人物、小动物、花草树木或图片背景）或有故事情节的小图，供幼儿自行选择并组成画面，编出一个小故事或说出一段话。

（2）拼图讲述，是指教师为幼儿提供各种人物、动物及能构成故事背景的各种拼图材料（如几何体、积塑玩具、贴绒图片、磁性教具、吹塑纸做成的各种形象，七巧板，立体图片等），让幼儿根据一定的主题自由构思，拼出各种画面，并用语言表达出画面的意思或编出一个故事情节。

（3）绘图讲述，是指幼儿根据自己的创作意愿独立或与教师合作准备操作材料并进行绘画、折纸、粘贴、做泥工、染纸等活动，而后讲述出作品的故事内容。

三、幼儿园讲述活动的特点

（一）讲述活动须借助一定的凭借物进行

教师要为幼儿准备或与幼儿共同准备讲述的图片、实物、情境等，通过提供讲述活动的凭借物，给幼儿一个讲述的中心内容，使幼儿讲述语言具有明显的指向性。

（二）讲述时的语言情境较为正式

讲述活动的氛围不像谈话活动那样宽松自由，要求幼儿在表达之前先构思，然后用语言来讲述，所使用的语言要尽量合乎语言使用规则。

讲述中幼儿使用的是独白式语言。讲述时，幼儿需先独自构思，并将观察到的情境及内容表达出来，所使用的是独白式语言。使用独白式的语言并不是让幼儿自己与自己对话，而是要讲给别人听，要求幼儿能用语言较清楚地描述一件事情或事物。

四、幼儿园讲述活动的教育价值

幼儿园讲述活动旨在提高幼儿细致观察、独立构思，以及较完整、连贯讲述的能力，是发展幼儿口语表达能力的重要形式之一。

（一）发展幼儿的观察能力

讲述时，幼儿需要在观察、感知讲述凭借物——图片或其他讲述载体的基础上，将观察到的内容讲述出来。讲述的凭借物不同，表现的形式也不一样。例如，图片是平面的形象，环境、实物是立体的形象，情境表演则通过木偶、真人表演等形式再现故事情节。讲述的凭借物不同，教师引导幼儿观察、感知的方法也有所不同。因此，讲述活动是培养幼儿有序、细致观察事物的重要手段之一。

（二）发展幼儿的思维能力

幼儿观察、感知讲述凭借物后，要思考怎样将观察到的内容讲述出来，不仅要思考讲述内容，还要选择合适的讲述方法。不同的讲述内容要运用不同的讲述方式，例如，讲述一个故事要按照故事发生的先后顺序，而描述一件物体则是根据物体的特征展开。语言是思维的工具，幼儿在讲述时，借助语言进行不断的思考，能有效促进思维能力的发展。

（三）发展幼儿的表达能力

在讲述活动中，幼儿不仅要学会观察、感知讲述凭借物，还要在思考的基础上，将观察到的事物用语言表达出来。幼儿可以按事件发展顺序进行叙事性讲述，也可以用形象生动的语言对人物的动作、表情以及景物的特征进行描述性讲述，还可以用简洁明了的语言对事物进行说明性、议论性讲述。因此，讲述活动能有效提高幼儿的口语表达能力。

五、 幼儿园讲述活动的目标

（一）总目标

1. 学习细致观察的方法，提高感知、理解讲述对象的能力。
2. 能够独立构思、大胆表达，提高表达的条理性、完整性和生动性。
3. 能安静倾听同伴发言，学会评价同伴的讲述。

（二）各年龄班目标

1. 小班
（1）按一定顺序认真观察并理解讲述对象。
（2）学习用短句大胆、有条理地表达观察到的内容。
（3）学会倾听别人的发言，养成倾听的良好习惯。
2. 中班
（1）发展细致观察事物的能力，丰富想象力。
（2）学习使用恰当的词语有序、连贯地讲述。
（3）注意倾听他人的讲述，学习初步评价他人的讲述。
3. 大班
（1）能够细致观察图片或情境，根据故事线索有序排列并讲述。
（2）学习用较丰富的语言生动地讲述，并给故事取名。
（3）能够细致地倾听，合理地评价同伴的讲述。

六、 幼儿园讲述活动的指导策略

（一）看图讲述活动的指导策略

1. 选择图片应遵循的要求。

（1）内容上的要求。教师在选择图片时，一定要考虑其内容是否具有某方面（如情感、能力、知识等）的教育意义，且主题健康，符合时代要求，有利于促进幼儿的成长。

（2）艺术上的要求。图片的表现形式要具有艺术性，具有一定的感染力，这样才能激发幼儿看图的兴趣。

（3）年龄班上的要求。为小班幼儿选择的图片应主题明确，线索单一，角色不宜太多；画面要大，画面中角色的动作、神态、表情明显；背景简单，色彩鲜艳，突出角色主要特征；数量少，一般选择一两幅图片为宜。为中班幼儿选择的图片应主题明确，线索较复杂，前后图之间有一定联系；角色较小班略为增多，形象突出，有一定的动作和表情，能让幼儿从图片中了解角色的心理活动；可选用多幅图，但不宜超过四幅图。为大班幼儿选择的图片应主题鲜明、生动，图与图之间有一定的衔接；画面内容能为幼儿提供想象的空间，能反映角色的心理活动，能激发幼儿联想画面以外的线索，能让幼儿通过观察分析出画面上各个事物之间的相互关系；可选用多幅图，但不宜超过六幅。

2. 具体指导方法。

（1）以不同的方式引出图片，激发幼儿观图兴趣。常用的方式有以实物教具引出、以情境表演引出、直接出示图片（出示图片的方式有：一次出示，逐幅出示，非顺序出示）、启发提问等。

（2）以不同的方式组织幼儿进行讲述。既可以集体集中讲述，也可以分组结伴讲述，还可以让个别幼儿在集体中讲述，或几种讲述方式交替进行。

（3）引导幼儿展开丰富的想象，讲述图片内容。

（4）在丰富多彩的活动中扩展幼儿的讲述经验。当幼儿讲述完图片大意后，教师还应拓展幼儿的思维，通过更换图片中的角色、改变场景、增添情节等方式，让幼儿展开联想进行创造性讲述，在丰富多彩的活动中加深印象，积累经验，获得快乐。活动开展的方式有谈话、情境表演、游戏、听音乐讲述等。

（二）情境讲述活动的指导策略

1. 表演方式。

由教师或幼儿（或教师和幼儿一起）扮演角色进行表演，教师操作木偶、玩具等道具进行表演，幼儿直接观看表演视频（或动画片）。

2. 准备工作。

(1) 选择剧本，组织排练。

(2) 准备道具，布置场景。

3. 具体指导方法。

(1) 介绍角色、场景，引起幼儿的兴趣，提出观看要求。

(2) 启发性提问，帮助幼儿理解表演内容。

(3) 综合运用多种讲述方式，将幼儿自由讲述、教师指导讲述、师幼集体讲述相结合。

(4) 开展迁移讲述活动。幼儿根据教师的要求更换角色、场景或事件，进行迁移讲述。

(三) 生活经验讲述活动的指导策略

1. 确定讲述的主题。

教师要通过观察幼儿、与幼儿交谈的方式，了解和熟悉幼儿的生活，知道他们经历过什么事、喜欢做什么事，根据幼儿的兴趣和关注点生成讲述的中心话题，并形成教学方案。讲述的主题可以来自教师的建议、幼儿的讨论或教师和幼儿共同协商的结果。讲述主题的确定，一般要注意以下几点。

(1) 主题是幼儿熟悉的、日常生活中喜闻乐见的内容。

(2) 主题要具有新鲜感，能引起幼儿的兴趣，调动幼儿参与讲述的积极性。

(3) 主题要与幼儿在生活中共同关心的内容有关。

(4) 主题要比较具体，一般是围绕某些事、某个人、某项活动展开。

2. 了解幼儿与讲述活动相关的前期经验。

确定主题后，教师可以把讲述主题提前告诉幼儿，让幼儿做好讲述的准备。讲述前，教师应以平等的身份和幼儿进行各种形式的谈话，了解幼儿已有的有关所选主题的生活经验、词语的积累情况以及对这一主题的看法和态度，并帮助幼儿选好讲述的内容。同时，还可根据本班幼儿的不同发展水平，预约幼儿发言。

3. 引导幼儿围绕主题讲述。

(1) 开始部分，为了激发幼儿对讲述的兴趣，教师可创设生动有趣的情境，唤起幼儿的已有生活经验，引出讲述的主题。

(2) 引出讲述的主题后，教师可出示一定的凭借物，通过提问的方式，引导幼儿从多角度依据凭借物的特点感知、理解讲述的对象。

(3) 幼儿在感知、理解讲述对象的基础上，围绕主题讲述自己的生活经验。这是活动的重点环节。教师要注意倾听幼儿的发言，着重指导幼儿有条理地进行讲述。

(4) 教师以平行讲述的方式进行示范。教师在示范性讲述中要明确交代时间、地点、人物、事件，讲述重点在人物活动和情节发展上。示范性讲述应简洁明了、生动有趣，要能够引起幼儿的兴趣和共鸣，可以放在幼儿讲述之前，也可以放在幼儿讲述之后。

(5) 结束部分，教师可进行小结或组织评议活动。

(四) 创造性讲述活动的指导策略

1. 续编故事活动的指导策略。

续编故事的类型包括续编故事的开头、中间或结尾部分。

续编故事的指导方法：

(1) 材料的选择。

续编故事的内容可以取材于儿童文学作品，也可以由教师自己创编。内容应是幼儿所熟悉的，能促使幼儿凭借已有的生活经验编出故事的其余部分；应符合幼儿的兴趣，能引起幼儿续编的欲望。

(2) 活动步骤与指导。

①开始部分，教师提出活动内容，交代任务，让幼儿知道要和教师一起讲故事。

②教师讲述故事的已知部分。

③教师通过谈话、讨论等各种方法帮助幼儿感知、理解故事的已知部分。

④教师指导幼儿续编故事的其余部分。首先，在幼儿续编之前，教师应向幼儿交代续编的要求，启发幼儿思考、想象各种可能和变化。其次，提供教学用具让幼儿按自己的意愿选择小组进行活动。

⑤教师进行指导并组织评议活动。

⑥结束部分，教师应通过各种方法使幼儿在情绪饱满的状态中结束活动，以保持幼儿续编故事的兴趣。

2. 构图讲述活动的指导策略。

(1) 应针对不同年龄班幼儿的语言发展特点进行指导。

针对小班幼儿，一般要求幼儿能循序渐进，有中心地说出一句完整的话。

针对中班幼儿，语言能力发展较缓慢的幼儿只需把画面内容连贯而有序地讲出来；语言能力发展较快的幼儿则要求对画面的情境加以想象，把画面连成一个小故事。针对大班幼儿，则要求幼儿能用完整和连贯的语言有中心、有重点地说出完整的小故事或一段话。

（2）活动步骤与指导。

①开始部分，教师可创设情境，激发幼儿参与活动的兴趣和愿望，并使幼儿明确活动的任务和要求。

②教师应根据幼儿的兴趣和不同发展水平，为幼儿提供不同层次的较丰富的构图材料。

③幼儿分组活动，自由构图，在教师指导下充分感知和想象画面内容。在幼儿讲述之前，教师可提出具体要求，帮助幼儿明确操作的目的，打开创作思路。幼儿开始讲述时，教师要注意巡回观察，以参与者、支持者、鼓励者的身份进行指导，以插问、点拨的方式帮助幼儿丰富画面内容，充分感知和想象。

④幼儿以多种方式进行自由讲述活动。

⑤教师合理运用示范性讲述。

⑥组织评价。

⑦延伸活动。

第二节　幼儿园讲述活动设计

快乐的国庆节（小班）

设计者：林伟锋

活动目标

✲学习边看照片边用简单句说出“我在××玩”“我在××”。

✲学会安静倾听，愿意大胆地介绍自己的活动。

✲愿意参加讲述活动，体验与同伴一起讲述的乐趣。

活动准备

∴经验准备：引导幼儿收集国庆节中发生的快乐的事。

∴物质准备：请家长将国庆节期间幼儿在家或外出游玩时发生的快乐的事拍成照片，带到幼儿园来。

✧环境创设：将班上每个幼儿带来的照片贴在墙上，制作成“照片展”。

活动过程

一、以观看“照片展”引出讲述话题，鼓励幼儿大胆表达。

1. 提问。

教师：今天老师带你们参观“照片展”，请你们认真看看照片中的小朋友是谁，他们都去哪儿玩了。

2. 鼓励幼儿大胆地和同伴交流自己看到的情境。

二、讲述照片内容，学说简单句“我在××玩”“我在××”。

1. 提出问题，鼓励幼儿边看自己的照片边大胆地讲述。

教师：国庆节你们去哪儿玩啦？发生了哪些开心的事情呢？哪个小朋友愿意上来介绍一下呀？

2. 展示个别幼儿的照片，集中交流照片内容，学说完整句。

（1）出示个别幼儿照片，引导幼儿观察并用简单的完整短句回答问题。

教师：照片中的小朋友是谁？他在干什么？

（2）幼儿根据自己的照片大胆讲述“我在××玩”“我在××”。

（3）表扬能用完整句介绍照片的幼儿，鼓励幼儿学说完整句。

三、玩“击鼓传花”游戏，进一步练习说完整句。

1. 介绍游戏玩法，鼓励幼儿用简单句大胆地表达国庆节到哪里、玩了什么。

2. 请个别幼儿示范游戏玩法，激发幼儿参加游戏的兴趣。

3. 集体游戏，表扬能够大胆表达的幼儿。

四、结束活动。

教师：老师把小朋友的照片放在语言区里，小朋友们还可以继续把许多开心的事情告诉老师和其他小朋友。

活动延伸

★生活活动：可在餐前活动中，鼓励幼儿大胆与同伴交流国庆节中发生的快乐的事。

我们都是好朋友（小班）

设计者：林嘉颖

活动目标

✽学习用简单句“我的好朋友是××”“他/我在××”讲述。

✽学习观察视频并用简单句来讲述视频中的内容。

活动准备

物质准备：教师将幼儿户外活动的场景拍成视频《我们都是好朋友》，一些玩具和运动器械，符号梳理图示，播放器。

活动过程

一、以“说说自己的好朋友”引题，激发幼儿参与活动的兴趣。

1. 引导语。

教师：我们都是好朋友，请小朋友说说自己的好朋友是谁。

2. 集中交流，请幼儿牵着好朋友的手向集体介绍好朋友的名字。

二、观看视频，学说简单句“我的好朋友是××”“他在××”。

1. 观看视频前半部分。

教师：视频里的这些小朋友你们认识吗？他们叫什么名字？

2. 观看视频后半部分。

教师：这个小朋友在干什么？（他在滚大球、袋鼠跳、骑自行车等。）

3. 幼儿两两交流；教师巡视幼儿讲述情况，了解幼儿是否用完整的简单句讲述。

4. 师幼互动讲述；教师引导幼儿用简单的完整短句回答问题，出示相应的符号梳理图示。

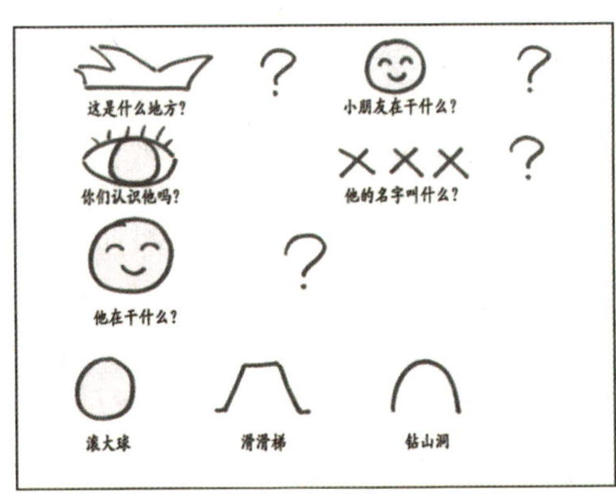

三、迁移经验，边玩边说“我在××”。

1. 引导语。

教师：这里也有许多好玩的东西，我们一起玩吧，边玩边跟旁边的小朋友说说“我在××”。

2. 幼儿自主游戏，教师随机把幼儿游戏的情景拍成视频。

3. 集中交流，教师播放幼儿自主游戏时的视频，鼓励幼儿用简单的完整句表达。

四、结束活动。

教师：活动结束后，小朋友可以继续和自己的小伙伴到语言区中说一说照片上的内容。

活动延伸

★区域活动：截取《我们都是好朋友》视频中的画面并打印出来，投放于语言区，鼓励幼儿在区域活动时与同伴继续讲述。

调皮的小老鼠（小班）

设计者：翁增云

活动目标

✻能认真观察图片，较清楚地表达图片大意，学习运用“红红的××”“黄黄的××”“蓝蓝的××”句式进行讲述，理解词语“调皮”“握”“踩”。

✻喜欢参加讲述活动，体验大声发言、交流的乐趣。

活动准备

∵经验准备：幼儿见过红色、黄色、蓝色的颜料，已有画水彩画的经验。

∵物质准备：灰色毛绒小老鼠玩具一只，《调皮的小老鼠》挂图，画有不同颜色小老鼠的图片每组（两两幼儿为一组）若干张。

活动过程

一、出示小老鼠玩具，激发幼儿参与活动的兴趣。

教师：吱吱吱！吱吱吱！谁来啦？原来是一只小老鼠，它是什么样的？今天小老鼠发生了一件有趣的事，我们一起来看看！

二、引导幼儿观察和讲述画面内容。

1. 出示图一，引导幼儿观察并讲述，大胆想象老鼠见到颜料和画笔时的想法。

教师：小老鼠在书桌上看见了什么？它看见了画笔和这么多的颜料想干什么？

2. 出示图二、图三，引导幼儿观察并讲述，初步了解“红红的××”“黄黄的××”“蓝蓝的××”句式。

（1）观察小老鼠的动作，丰富词语“握”“踩”，鼓励幼儿模仿“握”和

“踩”的动作。

教师（手指图二）：小老鼠在做什么？我们一起来学学它的动作。

（2）连续观察图二和图三老鼠色彩的变化，丰富词语“五颜六色”。

①教师：它是怎样在自己身上涂色的？它的身体发生了什么变化？请你先和旁边的小朋友说一说。（引导幼儿观察后再自由交流。）

②教师：它在身上涂上了很多的颜料，最后变成了一只什么样的老鼠？

（3）观察图三，鼓励幼儿继续讲述。

教师：小老鼠在干什么？它偷吃东西时害怕吗？

3. 出示图四，引导幼儿观察、讲述故事结果，理解词语“调皮”。

教师：谁来了？发生了什么事？为什么叫它调皮的小老鼠？

4. 教师完整讲述故事。

三、玩“猫捉老鼠”游戏，引导幼儿练习运用“红红的××”“黄黄的××”“蓝蓝的××”句式。

1. 讲解游戏玩法。

教师：幼儿两两合作游戏，一个幼儿扮演小猫，一个幼儿挑选不同颜色的小老鼠图片，扮演小猫的幼儿说“我捉到了一只××的小老鼠”。

2. 幼儿游戏，教师重点引导幼儿大声、大胆地表述。

活动延伸

★区域活动：在语言区中投放挂图，鼓励幼儿仔细观察图片并初步学习完整地讲述。

★家园共育：请家长在家中引导幼儿根据自己的意愿给老鼠图片涂色，然后大胆地表述自己画了一只什么样的老鼠。

活动资料

调皮的小老鼠

一只灰色的小老鼠跑到书桌上，它看到了五颜六色的颜料和画笔。它想：这些颜料和画笔可以用来做什么呢？对了，可以把自己画得美美的。

小老鼠一手握着大画笔，一脚踩在颜料管上，它用画笔沾了红色，往嘴上涂，变成了红红的嘴巴；把黄色涂在身上，变成黄黄的身体；把蓝色涂在脚上，变成蓝蓝的脚。真有趣！老鼠变成五颜六色的了！

五颜六色的老鼠跑进厨房，大口大口地偷吃面包、饼干、胡萝卜，它想：“我这么漂亮！没有人会认出我的！”

没有想到，大花猫看见了，一把就抓住了五颜六色的老鼠，说："你真是只调皮的小老鼠呀！"

图一　　图二

图三　　图四

蚂蚁飞上天（中班）

设计者：陈　晗

活动目标

✼在理解故事内容的基础上，能根据故事开头，结合已有的经验续编故事。

✼发展想象力、语言表达能力及小组合作学习的能力。

✼喜欢听故事，对续编故事感兴趣。

活动准备

∵经验准备：幼儿初步了解飞机、火箭、降落伞等会飞的物体；认识蚂蚁，初步了解蚂蚁的外形特征、生活习性；认识蒲公英。

✣物质准备：《蚂蚁飞上天》故事图片，幻灯机，幼儿人手一张记录纸、一支笔。

活动过程

一、提问引题，激发幼儿参与活动的兴趣。

教师：一只小蚂蚁想上天，它要怎么做才能飞上天呢？

二、引导幼儿结合图片欣赏故事，理解故事内容。

1. 结合故事图片完整讲述故事。

2. 与幼儿一起分析故事情节，体验蚂蚁飞上天的感受。

3. 师幼共同提出相互交流的问题。

（1）花丛中的小蚂蚁，它想去哪里？

（2）谁帮助了小蚂蚁，它是怎样带小蚂蚁飞上天去的呢？

4. 引导幼儿进一步理解故事，体验小蚂蚁飞上天的感觉。

教师：小蚂蚁在天上看见了什么？它有什么感觉？

5. 幼儿相互交流。

6. 请个别幼儿讲述故事内容，师幼共同梳理故事内容。

三、引导幼儿迁移经验，续编故事结尾，创造性地表现自己对故事的想法。

1. 提问。

教师：第二天，小蚂蚁又想上天了，请小朋友们想想小蚂蚁还可以乘坐什么上天，这次它在天上又看见了什么。（引导幼儿想出更多、更新的方法。）

2. 引导幼儿以小组学习的方式开展续编活动。

（1）提出小组续编故事内容的要求。

教师：每个小朋友编一个故事，要跟别人的故事不一样；编故事时用记录纸记下来；小组评选最佳作品。（教师提供续编故事的辅助材料，发展幼儿发散性思维。）

（2）幼儿分组活动，教师巡回指导。

四、集体交流小组活动情况。

请几个幼儿把自己续编的故事与全班幼儿分享。

活动延伸

★区域活动：请幼儿在表演区表演续编的故事《新蚂蚁飞上天》。

活动资料

蚂蚁飞上天

一天早上，天气真好。小蚂蚁豆豆正在花园里工作着，它抬头望着天空，天空真美啊！蓝蓝的天上飘着白云，太阳公公发出耀眼的光芒。小蚂蚁豆豆想：如果我能飞到天上去，那该多好啊！可是我怎么飞到天上去呢？

这时，一朵蒲公英飞过来，问小蚂蚁豆豆："豆豆，你在干什么呀？"豆豆说："我想飞到天上去，可是我飞不上去。"蒲公英说："让我来帮助你吧！""谢谢你！"豆豆说道。豆豆高兴地抓住蒲公英，一阵风吹来，把豆豆和蒲公英吹到了天上。豆豆在天上，看见了白云姐姐和太阳公公，它高兴地向它们问好呢！

图一　图二　图三　图四

谁救了小猫？（中班）

设计者：林　雯

活动目标

✽能细致观察图片，理解图与图之间的联系，学习"伸长""踮起""啄"等词语。

✽初步学习两两合作进行看图讲述，提高讲述的条理性与连贯性。

✽喜欢参与讲述活动，体验与同伴分享故事的乐趣。

活动准备

✣经验准备：幼儿学习了有关氦气球的科学活动，了解氦气球的特性及安全性。

✣物质准备：《谁救了小猫？》挂图。

活动过程

一、谈话引入，激发幼儿参与活动的兴趣。

教师：小朋友们见过会飞的气球吗？今天老师带来了一个有关会飞的气球的故事。

二、多形式支持幼儿读懂图意。

1. 出示图一，重点引导幼儿细致观察小猫的表情和动作，理解故事发生的背景，有条理地描述故事的开始。

（1）引导幼儿观察图一。

教师：请小朋友认真观察图片，看看故事发生在什么时间、什么地方，都有谁，发生了一件什么事呢。

（2）引导幼儿揣测小猫的心理活动。

教师：小猫被气球带到天上，心里会想些什么？会说些什么？

引导幼儿在理解图意的基础上，有条理地讲述图一的内容；重点引导幼儿观察小猫的表情，感受小猫害怕的心情。

（3）集体讨论。

教师：谁会来救小猫？它会怎么救小猫呢？

2. 出示图二、图三，引导幼儿通过两两表演的形式，观察、描述角色的动作，并想象对话。

（1）结合图片提出问题，引导幼儿讲述。

教师：气球带着小猫飞到了什么地方？谁看见了？它们是怎样救小猫的？结果怎样？

（2）幼儿自主观察并讲述。

（3）引导幼儿两两一组表演图二的故事情节，并丰富词语“伸长”“踮起”。

教师：小猫是怎样呼救的？长颈鹿、小猴是怎样救小猫的？它们之间会说些什么？请小朋友们两两为一组试着表演一下吧。

（4）请个别幼儿较连贯地讲述图二和图三的内容。

3. 出示图四，重点引导幼儿大胆地讲述合理的故事结尾。

（1）提问。

教师：小鸟是怎样救小猫的？它们之间会说些什么？

（2）请个别幼儿大胆地讲述合理的故事结尾，并丰富词语“啄”。

三、引导幼儿尝试较有条理、连贯地讲述故事。

1. 提出幼儿两两相互讲故事的要求。

（1）给故事取一个适合的题目。

（2）两个小朋友互相讲故事，要认真听同伴讲的故事。

（3）故事要讲得连贯、完整，要说出小动物的对话、动作和心理活动，这样故事才会很好听。

2. 幼儿互相讲述故事；教师观察指导，引导幼儿较有条理、连贯地讲述故事，描述角色的对话、动作、心理等。

3. 集体交流。

（1）分享故事题目。

（2）请个别幼儿讲述故事，集体分享、评价。

活动延伸

★家园共育：请幼儿回家和家长讲述这个故事，并继续猜想如果没有动物来救小猫，小猫可以怎样救自己。

活动资料

图一

图二

图三

图四

美丽的春天（中班）

设计者：郭百龄

活动目标

✽能根据图片或照片内容，较连贯地讲述一件事。

✽初步学习完整地表达对美丽的春天的感受。

✽养成安静倾听的良好习惯，提高语言表达能力。

活动准备

∵经验准备：活动之前，带领幼儿春游，欣赏春天的美丽景色。

∵物质准备：师幼共同收集的春天的图片、春游照片，排图卡片若干组（每组排图卡片包含“时间”“谁”“地点”“发生了什么”四个部分：“时间”部分包含画有回家时、春游时、下午、早晨等卡片若干张，“谁”部分包含小朋友、小兔、蜗牛、青蛙等卡片若干张，“地点”部分包含草地上、树林里、池塘里、公园里等卡片若干张，“发生了什么”部分包含赏花、放风筝、散步、种树等卡片若干张），一些空白卡片、记录纸、记录笔。

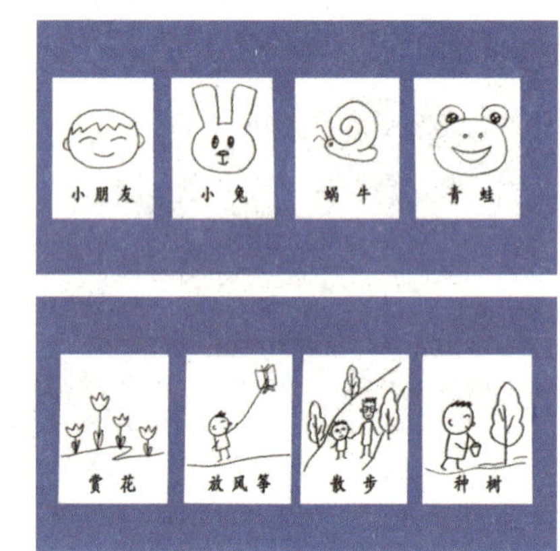

活动过程

一、出示春天的图片、照片，激发幼儿参与讲述活动的兴趣。

教师：春天到了，我带来了一些春姑娘的礼物，你们喜欢吗？

二、引导幼儿感受春天景色的丰富、美丽和有趣，鼓励幼儿完整地表述自己的想法。

1. 幼儿观看图片、照片，初步感受春天景色的丰富。

教师：春姑娘的礼物多不多？有哪些礼物？谁会收到这些礼物？

2. 幼儿欣赏图片、照片，感受春天的美丽。

教师：春姑娘的礼物美不美？哪里很美？你在哪里发现了春姑娘的礼物？

3. 幼儿欣赏春游照片，回忆春游的欢乐。

教师：和春姑娘玩什么游戏很快乐？春天还会发生哪些有趣的事？

三、分组游戏“找卡片讲故事”。

1. 介绍游戏材料、玩法。

（1）每四个幼儿为一组，每个幼儿轮流从排图卡片的各个部分抽取一张卡片，根据卡片的内容一起编一个有关春天的故事。如果选择的卡片不满意，可以更换卡片或者在空白卡片上自行设计内容。

（2）每组的组长负责把大家编的故事记录下来。

2. 鼓励幼儿在游戏中大胆地表达自己的想法，巡回指导幼儿的讲述。

（1）重点引导幼儿完整讲述自己最喜欢的春天的事物。

（2）指导组长运用简单的符号在记录纸上快速记录。

（3）及时肯定幼儿的发现和讲述，鼓励幼儿完整、连贯地表达。

四、集体展示记录纸，交流记录内容。

1. 幼儿交流分享小组记录。

2. 及时肯定能积极发现春天的美好的幼儿。

3. 将记录纸装订成册，添上封面，做成《美丽的春天》的小书。

活动延伸

★区域活动：请幼儿在美工区中阅读自制小书《美丽的春天》，鼓励幼儿继续发现春天的美丽，将小书补充完整。

猴大哥大扫除（中班）

设计者：张丽辉

活动目标

✲能细致、有序地观察图片，尝试使用“先”“再”“最后”等词语描述猴大哥大扫除的过程。

✲提高讲述的条理性与连贯性。

活动准备

✣物质准备：《猴大哥大扫除》挂图，《猴大哥大扫除》图卡每组一份，故事梳理图示。

活动过程

一、谈话引入，激发幼儿参与活动的兴趣。

教师：今天，老师给小朋友们带来了一个有趣的故事，这个故事就藏在这些图片里，你们想知道吗？

二、引导幼儿细致观察四幅图，并尝试运用恰当的语言连贯、完整地讲述。

1. 重点引导幼儿认真、有序地观察图一，理解故事发生的背景。

（1）引导语。

教师：认真观察图片，看看在什么时间、在什么地方、有谁、发生了一件什么事。

（2）引导幼儿在读懂图意的基础上有条理、连贯地讲述图一内容，重点引导幼儿学习有序地描述小猴家里的场景。

2. 引导幼儿观察图二，丰富词语“提”。

（1）提问。

教师：看到家里这么脏，小猴会怎么做？

（2）出示图二。

教师：小猴拿来哪些工具做卫生？

3. 幼儿分组讨论小猴的打扫计划。

（1）提问。

教师：小猴要怎样才能把家里打扫干净？应该先做什么？再做什么？最后做什么？

（2）幼儿分小组讨论，一起排列小猴打扫卫生的顺序，并对应地插好图卡讲述。

（3）幼儿以小组为单位介绍本组的讨论结果。

4. 重点引导幼儿观察图二、图三，细致观察小猴做卫生的顺序，尝试连贯地讲述。

（1）幼儿观察图三；教师结合故事梳理图示提出问题，引导幼儿带着问题自主讲述。

教师：小猴究竟是怎么打扫卫生的？它先做什么？再做什么？最后做什么呢？（丰富词语“满头大汗”。）

（2）引导幼儿在观察两幅图片的基础上，梳理小猴打扫卫生的顺序。

（3）引导幼儿尝试使用关联词“先”“再”“最后”有条理、连贯地讲述小猴做卫生的过程。

5. 引导幼儿观察、描述图四中小猴的表情及心理过程，并尝试讲述故事的结尾。

（1）提问。

教师：小猴的表情是什么样的？它心里在想什么？

（2）请个别幼儿讲述故事的结尾。

三、引导幼儿学习连贯、完整地讲述故事。

1. 提出相互交流的要求。

（1）要说得连贯、完整，用上关联词“先”“再”“最后”来描述小猴打扫的过程。

（2）两个小朋友互相说，一个幼儿说故事，另一个幼儿根据同伴的讲述指图；要认真听同伴讲的故事，听听同伴哪里说得好。

（3）为故事取个合适的名字。

2. 幼儿互相交流；教师观察指导，引导幼儿连贯、完整地讲述故事。

3. 集中交流，请个别幼儿连贯、完整地讲述，集体分享、评价。

活动延伸

★区域活动：将《猴大哥大扫除》挂图与图卡放入阅读区，引导幼儿继续思考：“为什么小猴那么认真地做卫生，却没做干净？”引导幼儿比较各组安排的打扫计划，评一评哪种方法才是又快又好的。

活动资料

图一

图二

图三

图四

了不起的中国人（大班）

设计者：江　平

活动目标

✻能大胆、有条理地围绕"了不起的中国人"话题进行讲述。

✻在与同伴分享交流中表达自己的感受，提高口语表达能力。

✻了解中国人民的勤劳、聪明、勇敢，萌发爱祖国的情感，为自己是中国人感到骄傲。

活动准备

✧经验准备：请家长与幼儿共同收集并了解中国古代和现代在各领域（政治、科学、文学、教育、艺术、经济、体育等）中有成就的人物。

✧物质准备：中国游泳运动员夺金的视频，播放器，中国人在其他领域取得成功的图片，符号梳理图示。

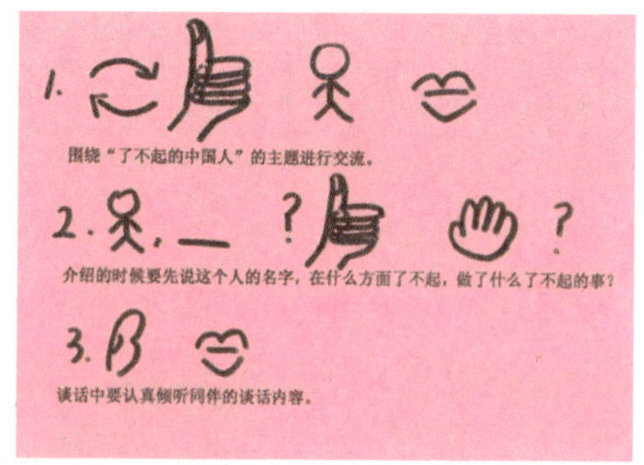

活动过程

一、以谈话导入，激发幼儿谈话的兴趣。

教师：小朋友们，我们是什么国家的人啊？你们知道我们中国人做了哪些了不起的事情吗？

二、引导幼儿感受中国运动员夺金时的自豪，围绕话题大胆地交流。

1. 播放中国游泳运动员夺金的视频。

教师：这是谁呀？他是一名游泳运动员，他做了什么了不起的事？

2. 引导幼儿大胆讲述，提醒幼儿安静倾听同伴的发言。

三、围绕"了不起的中国人"话题，引导幼儿连贯、完整地讲述。

1. 提出话题。

教师：我们中国人真棒！你们还知道哪些了不起的中国人？请你与身边

的小朋友聊一聊。

2. 出示符号梳理图示，引导幼儿分组交流“了不起的中国人”。

（1）提出小组交流的要求。

①围绕“了不起的中国人”的话题进行交流。

②介绍的时候要说出这个人的名字、在什么方面了不起、做了哪些了不起的事情。

③要认真听同伴的发言。

（2）幼儿分小组交流；教师巡回指导，鼓励幼儿大胆交流，完整、连贯地讲述。

3. 集中交流，请幼儿上台交流，引导幼儿围绕讲述要素完整地讲述。

四、开展竞赛活动“猜猜他是谁”，引导幼儿继续了解在其他领域做出贡献的中国人。

1. 出示中国人在其他领域取得成功的图片，引导幼儿看图片讲述。

2. 小结。

教师：这些了不起的中国人为我们国家做出了贡献，为我们国家争光。他们取得这些成就也付出了很多努力，运动员要不断地训练，科学家要不断地做实验。我们也要从现在起不断地学习本领，做一个有用的人。

活动延伸

★区域活动：在语言区创设“了不起的中国人”的讲述角，投放图片、符号梳理图示、记录纸等材料，让幼儿继续讲述。

大象救兔子（大班）

设计者：赵　葵

活动目标

✻学习细致地观察图片，尝试使用恰当的语言较完整、连贯、生动地讲述。

✻积极地参与看图讲述活动，体验和同伴自主讲述、交流的乐趣。

活动准备

∵经验准备：幼儿了解兔子、大象、老虎的生活习性。

∵物质准备：《大象救兔子》挂图，《大象救兔子》图卡每组（两两幼儿为一组）一套，故事梳理图示。

活动过程

一、提供宽松的环境，引导幼儿自主讲述，大胆表达。

1. 出示三幅挂图，以谈话引入，激发幼儿自主讲述与交流的兴趣。

教师：请小朋友按顺序仔细地把三幅挂图看一看，然后将三幅挂图连起来编成一个完整的故事，说给旁边的小朋友听，好吗？

2. 幼儿两人一组进行自主阅读交流活动；教师重点引导幼儿按顺序阅读、讲述，观察并了解幼儿的讲述情况与存在问题。

3. 请个别幼儿运用已有经验较完整地讲述挂图内容。

教师：谁愿意把故事大声地讲给大家听？我们仔细听听他说的好在哪里。

4. 集体评价讲述情况；教师根据幼儿的评价，运用故事梳理图示梳理完整讲述的要素——故事的开始、发生了什么事、结果怎么样。

5. 师幼共同为故事取名字。

二、启发幼儿按顺序细致地观察图片，多形式支持幼儿学习运用恰当的语言较清楚、连贯、生动地讲述。

1. 引导语。

教师：大象想了什么办法救小兔？我们来仔细看看图片吧。

2. 重点引导幼儿细致观察图一中动物的表情和动作，理解角色间的关系，学习连贯讲述图片内容。

（1）教师：森林里发生了什么事情？大老虎肚子饿得咕咕叫，看见小兔后是什么样子的？它是怎么做的？小兔吓得怎么样？

（2）请个别幼儿讲述并梳理故事情节。

3. 重点引导幼儿细致观察图二中动物的动作并想象对话，理解图与图之间的联系，学习用较恰当的语言表达图片内容。

教师：谁来救小兔？小兔是怎么求救的？

4. 引导幼儿连贯地讲述图一和图二的内容。

5. 引导幼儿观察图三，启发幼儿生动地说出动物的动作、表情，互相讨论、讲述故事的结果。

教师：到小河边，老虎还想追小兔，大象是怎么对付老虎的？

三、引导幼儿运用自主讲述的方式，尝试较生动地讲述图片内容。

1. 提出相互交流的要求。

教师：两个小朋友互相说，要说得清楚、连贯，还要说出动物的表情、动作和它们说的话。

2. 幼儿相互交流，教师进行观察指导。

3. 集中交流，请个别幼儿连贯、生动地讲述故事，集体分享。

四、拓展话题。

教师：如果没有遇到大象，还有谁来救小兔？如果谁都不在，小兔该怎么救自己？

活动资料

大象救兔子

一天傍晚，小白、小灰和小黑三只小兔子在树林里高高兴兴地玩。突然，从树林里窜出一只凶猛的老虎，张着大大的嘴巴，露出尖尖的牙齿，伸出锋利的爪子，向小兔子猛扑过来。

三只小兔子吓得拔腿就跑。它们撒开四条腿，飞快地向前跑去。它们穿过密密的树林，跑到河边，看见大象正在河里洗澡，连忙高声叫喊："大象伯伯，快救救我们，老虎要吃我们啦！"大象连忙伸出长鼻子，翘起尾巴，好像在河面上架起了一座桥，说："快，快从我身上过河去。"

老虎追到河边，看见小兔子都过了河，气得直吼。大象用长鼻子吸足了水，用力朝老虎喷去，老虎被喷得睁不开眼睛，只好夹着尾巴逃跑了。

图一

图二

图三

小　红　伞（大班）

设计者：张丽辉

活动目标

✲能认真观看表演，理解角色之间的联系，想象角色的对话和心理活动，尝试较生动地讲述故事。

✲初步学习两两合作观看表演并讲述，提高讲述的条理性与连贯性。

✲学习词语“够不着”“踮起”“勾”“撑开”。

活动准备

⁘经验准备：幼儿已了解伞的外形特征，知道刺猬找食物的生活习性。

⁘物质准备：《小红伞》故事图片。

⁘资源利用：活动前排练情境表演“小红伞”。

活动过程

一、以情境表演引题，激发幼儿参与活动的兴趣。

教师：今天请小朋友观看表演“小红伞”，认真看看小兔子出门后去了哪儿，发生了哪些有趣的事。

二、引导幼儿细致观看情境表演，多形式支持幼儿较生动地讲述故事。

1. 幼儿观看表演的前半部分；教师重点引导幼儿认真观察故事发生的背景，尝试讲述故事的开头。

（1）引导语。

教师：请小朋友认真观看表演，看看故事发生在什么时间、什么地方，有谁，发生了一件什么事。

（2）幼儿在观看表演的基础上，连贯、完整地讲述故事的开头；教师重点引导幼儿理解天气与小红伞的关系。

教师：看到天空乌云密布，小兔心里会想什么？怎么做呢？

（3）引导幼儿大胆地想象故事的发展。

教师：小兔带着小红伞出门，会发生什么事呢？请你们来猜一猜。

2. 幼儿观看表演的后半部分；教师重点引导幼儿自主观察表演中动物的动作、对话及心理活动，理解角色间的联系，学习用恰当的词语较生动地讲述。

（1）出示图二、图三，结合图片提出问题，引导幼儿带着问题自主观察和讲述。

教师：小兔带着小红伞来到了果园，发生了什么事？小兔来到了蘑菇地，又发生了什么事？

（2）引导幼儿细致观察图二和图三，学习用恰当的语言较生动地讲述。

①幼儿观察图二，重点学习描述角色的动作，想象对话；教师引导幼儿通过动作表演等形式，理解并丰富词语“够不着”“踮起”“勾”。

教师：小兔来到了果园，遇到了小刺猬，它们之间会说些什么，做些什么呢？

②幼儿观察图三；教师重点引导幼儿观察动物的动作和表情，想象角色的心理活动，并尝试讲述故事的结尾，丰富词语“撑开”。

教师：小兔又来到了蘑菇地，发生了什么事？它们心里会想些什么？做些什么？

三、引导幼儿两两合作进行看图讲述，学习较连贯、完整地讲述故事。

1. 提出相互交流的要求。

（1）故事要讲得连贯、完整。

（2）两个小朋友互相讲故事，要认真听同伴讲故事。

（3）给故事取一个适合的名字。

2. 幼儿互相讲述；教师观察指导，引导幼儿学习较生动地讲述故事，描述角色的对话、动作、心理等。

3. 集体交流。

请个别幼儿讲述故事，集体分享、评价。

活动延伸

★区域活动：将道具放入表演区中，请幼儿在表演区中继续表演并引导幼儿继续思考：“小红伞除了帮助小刺猬和小兔解决遇到的问题，还有什么用？”

活动资料

图一　　图二　　图三

掷骰子讲故事（大班）

设计者：陈　健

活动目标

✲能根据故事元素创编故事并完整讲述。

✲提高语言表达的完整性和观察、想象能力。

✲对讲述活动感兴趣，乐于大胆想象、表达和创造。

活动准备

∵经验准备：幼儿已了解故事元素，并玩过数字骰子的游戏。

∵物质准备：故事盒子（里面装有时间骰子、地点骰子和人物骰子）每组一个，故事元素卡片，故事大王玩偶。

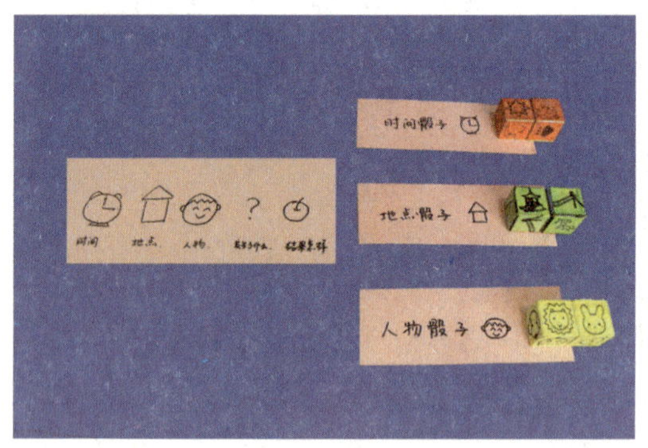

活动过程

一、出示故事盒子，激发幼儿参与活动的兴趣。

教师（手拿故事大王玩偶）：小朋友们，故事大王今天给你们带来了一个神奇的盒子，你们想知道盒子里有些什么吗？

二、认识故事骰子，了解故事骰子的内容。

1. 逐一出示骰子，引导幼儿认识故事骰子。

教师：这是什么？它和我们平时玩的数字骰子有什么不同？

2. 幼儿结合故事元素卡片，了解故事骰子六个面的内容。

教师：每个骰子的六个面都有些什么？它们是哪个方面的内容呢？

3. 小结。

教师：这些都是故事骰子，有时间骰子、地点骰子和人物骰子。

三、了解讲述方法，尝试掷骰子讲故事。

1. 引发幼儿思考怎样用骰子讲故事。

（1）引导语。

教师：故事大王请你们用这些骰子讲故事，要怎么讲呢？

（2）小结。

我们可以按顺序选择时间骰子、地点骰子、人物骰子，然后各投掷一次，将它们摆成一排，连起来讲故事。

2. 幼儿尝试掷骰子讲故事，了解讲述方法。

（1）请三名幼儿各选择一种骰子投掷。

教师：请三个小朋友每人选择一种骰子投掷，我们一起来看看是什么内容。

（2）引导幼儿了解讲述方法。

教师：三个骰子分别有时间、地点、人物，那发生了什么？结果是怎样的呢？谁能根据三个骰子的内容试着编一个故事呢？想想要先讲什么，再讲什么，最后讲什么。

3. 请若干名幼儿尝试根据投掷出骰子的内容创编故事。

4. 小结。

教师：我们用骰子分别投掷出故事的时间、地点和人物，然后将三个骰子摆成一排，将投掷出骰子的内容创编成一个完整的故事。

四、分组讲述，进一步了解掷骰子讲故事的方法。

教师：故事大王请小朋友们用它神奇的故事骰子讲故事，比一比谁的故事讲得又完整又有趣。

1. 幼儿分组操作、讲述，教师观察指导。

2. 集中交流，请个别幼儿讲述创编的故事。

3. 引导幼儿根据故事元素评价同伴创编的故事。

活动延伸

★区域活动：将故事骰子放入语言区中，请幼儿将创编的故事用图示符号进行记录。

写　　信（大班）

设计者：陈　晓

活动目标

✽能运用图示符号写信，并完整地表述信中的内容。

✽提高连贯、完整讲述的能力。

✽知道写信在生活中的用处。

活动准备

✣经验准备：幼儿有用符号记录的经验。

✣物质准备：写信格式梳理图示，幼儿人手一封“猫妈妈的信”、一张记录纸、一支笔。

活动过程

一、出示“猫妈妈的信”，激发幼儿参与活动的兴趣。

1. 引导语。

教师：猫妈妈要出门办事了，可是，小猫宝宝还在睡觉。于是，猫妈妈就在桌上留了一件东西，你们看看这是什么、这封信里写了什么。

2. 鼓励幼儿结合自己的生活经验大胆猜测并表述。

二、学会解读信的内容，了解信在生活中的用处。

1. 出示信件，引导幼儿了解信的内容。

教师：猫妈妈到底给小猫宝宝写了些什么呢？老师把猫妈妈的信复制了好几份，请小朋友们来读一读，然后将信的内容告诉小猫。

2. 幼儿自主解读猫妈妈留下的信。

3. 教师与幼儿共同解读信的内容。

4. 了解信在生活中的用处。

教师：为什么要写信？写信有什么用处？

三、借助已有的运用符号记录的经验，初步尝试写信。

1. 引导语。

教师：谢谢你们帮猫宝宝看懂了这封信。它在家玩啊、等啊，还是不见妈妈回来。这时小兔打电话叫小猫去它家玩，这可怎么办啊？小猫想了想，也给妈妈留封信吧！信上可以写些什么？

2. 幼儿两两交流。

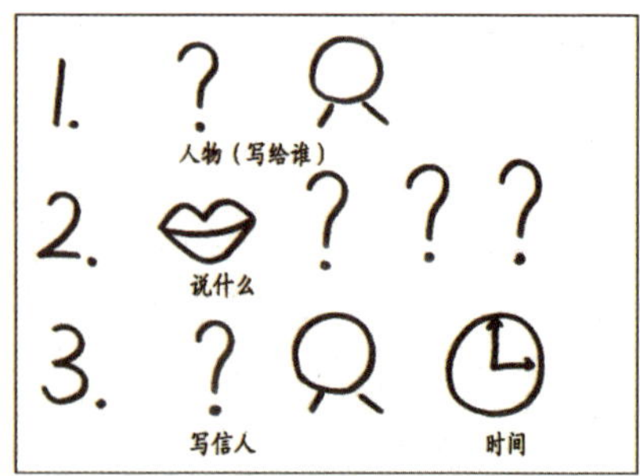

3. 教师出示写信格式梳理图示，师幼共同梳理写信的格式。

教师：信的开头写上称呼，换一行写上要说的话，最后写上写信的人和写信的日期。

4. 幼儿分组尝试写信。

5. 请个别幼儿在集体中交流自己写的信。

活动延伸

★区域活动：请幼儿到语言区练习用简单的符号写信，并向同伴介绍信的内容和用处。

乌龟和蜗牛（大班）

设计者：魏林彤

活动目标

✻学习排图讲述的基本方法，能合理排序，大胆讲述。

✻提高逻辑推理、合理想象以及连贯、完整讲述的能力。

✻喜欢和同伴自主观察与分享交流，体验排图讲述活动带来的乐趣。

活动准备

⁘物质准备：《乌龟和蜗牛》挂图，《乌龟和蜗牛》小图每组（两两幼儿为一组）一份。

活动过程

一、引导幼儿自主观察，大胆表达。

1. 谈话引入，激发幼儿自主阅读与交流的兴趣。

教师：乌龟和蜗牛之间发生了很多有趣的故事，你们想知道吗？

2. 出示挂图，提出自主观察的要求。

教师：请小朋友们按顺序认真观察挂图，并把四幅图连起来编成一个完整的故事和同伴说一说。

3. 幼儿自主观察挂图，尝试连贯讲述。

4. 请个别幼儿连贯地讲述挂图内容。

5. 集体评价讲述情况，师幼共同梳理讲述的要素。

二、引导幼儿学习排图讲述的方法，合理排序、大胆讲述。

1. 引发幼儿猜想，激发幼儿排图的兴趣。

教师：运用这些图片能不能编出不一样的故事？怎么编？

2. 多形式引导幼儿仔细观察图片中角色的动作、表情的变化，启发幼儿大胆想象，了解编出不同故事情节的方法。

教师：原来图片的顺序不同，编出的故事也会不一样。

三、引导幼儿将图片重新排序，学习清楚、连贯地讲述图片内容。

1. 师幼共同提出改编故事的要求。

（1）为故事取名。

（2）幼儿两两为一组，分别为图片排序并编成好听的故事讲给同伴听，认真听同伴讲述的故事。

2. 幼儿相互交流，教师观察指导。

3. 幼儿评价同伴讲述的情况。

4. 请个别幼儿在集体中讲述，师幼共同评价。

活动延伸

★区域活动：将《乌龟和蜗牛》图片放入语言区，引导幼儿继续创编乌龟和蜗牛之间的故事。

活动资料

图一

图二

图三

图四

怎样叫醒小兔？（大班）

设计者：张丽辉

活动目标

✲能细致、有序地观察图片，大胆想象图片中角色的心理活动和对话，尝试较生动地讲述故事。

✲初步学习两两合作进行看图讲述，提高讲述的条理性与连贯性。

活动准备

❖物质准备：《怎样叫醒小兔？》挂图，《怎样叫醒小兔？》小图每组（两两幼儿为一组）一份。

活动过程

一、谈话引入，激发幼儿参与活动的兴趣。

教师：小朋友们早上几点起床？有一只小动物现在还在睡懒觉呢，我们一起看看是谁。

二、多形式支持幼儿读懂图意，初步学习较生动地讲述故事。

1. 出示图一，引导幼儿认真观察图一，理解故事发生的背景，完整讲述故事的开头。

（1）引导语。

教师：请小朋友们认真观察图一，看看故事发生在什么时间、什么地方，有谁，发生了一件什么事。

（2）引导幼儿思考图片内容。

教师：兔妈妈为什么要叫小兔起床？它会对小兔说什么？小兔又是怎样做的？（提问后请一两名幼儿连贯讲述图片内容。）

（3）引导幼儿大胆地想象故事情节的发展。

教师：你们猜猜兔妈妈会怎样叫醒小兔？

2. 出示图二至图五，重点引导幼儿自主观察图片中角色的动作，想象角色对话，理解图与图之间的联系，学习用恰当的语言较生动地讲述。

（1）出示图二、图三，引导幼儿带着问题进行自主观察与讲述。

教师：兔妈妈想了什么好办法呢？小兔有什么反应？

（2）幼儿两两合作自主观察图二、图三并讲述。

（3）引导幼儿细致观察图二和图三，学习用恰当的语言较生动地讲述。

①引导幼儿观察图二，重点学习描述角色的动作，丰富词语“轻手轻脚”。

②引导幼儿观察图三，想象角色的心理活动，用自言自语的方法描述小兔的心理活动。

③请一两名幼儿连贯讲述图二、图三内容。

（4）出示图四、图五，重点鼓励幼儿想象故事内容。

①讨论图四、图五画面内容。

教师：兔妈妈请了谁来帮忙？结果怎样？小羊是怎样叫醒小兔的？它会

对小兔说些什么？

②引导幼儿两两为一组表演图四、图五画面内容，通过表演角色的对话和动作，较生动地讲述故事。

③请一两名幼儿连贯讲述图四、图五的内容。

三、引导幼儿两两合作看图讲述，学习较连贯、完整地讲述故事。

1. 提出相互交流的要求。

（1）故事要讲得连贯、完整，要把对话、表情、心理活动说出来。

（2）两个小朋友互相讲故事，一个小朋友讲，另一个小朋友认真听，并尝试一边指图一边讲述。

（3）给故事取一个合适的名字。

2. 幼儿互相讲述；教师观察指导，引导幼儿学习描述角色的对话、动作、心理等，较生动地讲述故事。

3. 集体交流。

（1）请个别幼儿讲述故事，集体分享、评价。

（2）分享故事的名字。

四、结束活动。

教师：小朋友们就要上小学了，想一想早上起床时我们应该怎样做呢。

活动资料

甜蜜的回忆（大班）

设计者：魏林彤

活动目标

✻能有感情地回忆、讲述自己在幼儿园里发生的故事。

✻能连贯、完整、有条理地讲述事件并运用简单符号记录。

✻知道人的成长是一个过程。

活动准备

∴物质准备：幼儿自制成长回忆录（收集小班、中班、大班的幼儿园活动照片并粘贴在相册上，用符号记录故事，请家长配上说明），师幼人手一张记录纸、一支笔。

活动过程

一、提出自主讲述的要求，引导幼儿自主向同伴介绍自己的成长回忆录。

教师：今天小朋友们将制作好的成长回忆录带到幼儿园来了，请你们找找各自的小伙伴介绍自己的成长回忆录。介绍的时候声音要洪亮，讲述要连贯、完整。

二、请个别幼儿在集体中介绍自己制作的成长回忆录，其他幼儿评价。

教师：你喜欢听谁的故事？为什么？

三、讲述故事《滑梯的回忆》，帮助幼儿梳理讲述的要领。

1. 教师讲述故事。

2. 提问。

教师：这个故事说了件什么事？“我”回忆起了什么？

3. 引导幼儿回忆幼儿园的生活，用符号记录、梳理幼儿的发言。

教师：小朋友们还可以回忆起幼儿园的哪些事情呢？怎么向大家介绍？

4. 引导幼儿记录幼儿园的回忆并与同伴交流。

（1）提出记录与讲述的要求。

教师：选取一个内容展开回忆，并用符号记录在纸上，符号要清晰一点、大一点，让其他小朋友看得懂；记录好了和同伴或老师交流，讲述时要连贯、完整、有条理。

（2）幼儿分组活动，教师巡回指导。

5. 集中交流，请个别幼儿在集体中讲述，其他幼儿评价。

四、结束活动。

引导幼儿感受毕业的依依不舍。

教师：小朋友们就要毕业了，你们想对幼儿园、老师和小朋友说些什么呢？

活动资料

滑梯的回忆

小班的时候，第一天上幼儿园，我不敢玩滑梯，害怕得哭了，老师安慰我，扶着我滑了下来。

中班时，我能勇敢、灵活地在滑梯上爬上滑下，一会儿就玩得满头大汗。

大班了，我不仅会玩滑梯了，还能帮助小班的弟弟妹妹。滑梯伴随着我长大了。

第三章 幼儿园听说游戏指导与设计

第一节 幼儿园听说游戏指导

一、幼儿园听说游戏的含义

听说游戏是采用游戏的方式开展的一种语言教育活动。听说游戏有明确的语言学习目标、明确的语言内容，目的在于引导幼儿按一定规则进行口语表达练习，提高幼儿的倾听和表达能力。

二、幼儿园听说游戏的特点

（一）练习性

所谓练习性，即教育目标具体，让幼儿在游戏中复习、巩固已学的语言内容，并真正获得这一方面的语言运用能力。例如大班听说游戏“说相反”，要求幼儿能理解并正确说出意思相反的词。教师先引导幼儿从事先布置好的环境中细致观察实物，通过对比、触摸，感知两个同种实物之间的不同，帮助幼儿自主理解反义词的意义；然后通过游戏“说一说”，让两个幼儿互相交流已认识的反义词；再通过游戏“对一对”，引导两个幼儿一个先说一个词，另一个答出相应的反义词，进一步熟悉反义词；最后开展分组游戏“猜一猜”，引导幼儿通过动作、表情、体态表演反义词，加深对反义词实际运用的体验。幼儿在游戏中不断地进行练习、巩固，加深了对反义词的理解。

（二）游戏性

所谓游戏性，即听说游戏具有寓教于乐、乐中有学、学玩结合的教学特点。例如小班听说游戏“捉迷藏”，其内容符合小班幼儿的年龄特点，能激发幼儿说话的积极性和主动性，培养幼儿口语表达能力，促进幼儿全面发展。

（三）规则性

所谓规则性，即听说游戏带有一定的游戏规则。听说游戏中的游戏规则是根据具体的语言教育目标和适当的语言学习内容制订的。例如小班听说游戏“捉迷藏”的游戏规则：幼儿分成红、蓝两队，音乐响起，红队赶紧找地方藏起来；音乐信号一停，蓝队才能去找；找到了，两个幼儿要互相说“我在××（地方）捉到××（小动物）”“我藏在××（地方）”。游戏不仅有玩法的规则，而且有表达的规则。

三、 幼儿园听说游戏的教育价值

《幼儿园教育指导纲要（试行）》明确指出，幼儿园应“创造一个自由、宽松的语言交往环境，支持、鼓励、吸引幼儿与教师、同伴或其他人交谈，体验语言交流的乐趣，学习使用适当的、礼貌的语言交往”。听说游戏为幼儿创设了自由、宽松的语言环境，让幼儿在游戏中不断地进行有规则的听与说的练习，从而提高了听与说的能力。

（一）发展幼儿的倾听能力

《3～6岁儿童学习与发展指南》在语言部分“倾听与表达”中对幼儿提出“认真听并能听懂常用语言”的要求。听说游戏中，幼儿只有认真听，理解了游戏的玩法与规则，才能更好地进行游戏，体验游戏的乐趣。例如中班听说游戏“我来问你来答”，教师先设置了“两两游戏——我来问你来答”环节，让幼儿两两为一组，抽取问题卡互相提问和回答，回答不出或者答案重复，则不过关；再通过设置“小组游戏——我来问大家答”环节，引导幼儿轮流担任提问的人，可随机抽取问题卡提问，也可自主提问，其他幼儿一个接着一个回答问题，按节奏回答出不重复的答案才能过关。在游戏中，幼儿要认真听提问者的提问，关注同伴的答案，大声、大胆地回答，避免答案重复。这一游戏真正地达到了在游戏中发展幼儿倾听能力的目标。

（二）发展幼儿的表达能力

《3～6岁儿童学习与发展指南》在语言部分“倾听与表达”中对幼儿提出

“愿意讲话并能清楚地表达”的要求。听说游戏中，教师应创设能使幼儿想说、敢说、喜欢说、有机会说并能得到积极应答的环境。幼儿在听说游戏中能比较放松、自然地表达与交流，在自主、自由的不断练习中，能够逐渐清楚地表达。因此，在许多的听说游戏中，我们设置了幼儿两两游戏的环节，让幼儿与小伙伴互相说一说，说错了也没关系，以减轻幼儿说的压力。例如小班的听说游戏“有趣的表情”，教师设置了“抽卡说表情”环节，两个幼儿为一组，一个幼儿抽卡片，另一个幼儿说表情；两个幼儿一边抽卡片一边说，互相鼓励，有效地提高了幼儿倾听与表达的能力。

四、 幼儿园听说游戏的目标

（一）总目标

1. 按一定的游戏规则进行口语表达练习。

2. 提高倾听的水平。

3. 培养语言表达的机智性与灵活性。

（二）各年龄班的目标

1. 小班

（1）乐于参加听说游戏活动，能在游戏中大胆地说话。

（2）学习发准某些难发的音，初步掌握方位词及人称代词，学习正确运用动词。在游戏中尝试按照规则学说简单句。

（3）养成在集体活动中安静倾听别人讲话的习惯，听懂并理解较简单的游戏规则。

2. 中班

（1）巩固正确发音，学习代词、方位词、副词、动词等。学说简单的完整句。

（2）不断提高倾听的能力，听懂并理解游戏规则。

（3）积极参与游戏活动，并在游戏中及时做出相应的反应。

3. 大班

（1）学习正确运用反义词、量词和连词等，学说完整句。

（2）养成积极倾听的习惯，学习理解游戏中较复杂的指令。

（3）能按照游戏规则调动个人已有的语言经验，选择适合的语言生动地表达。

五、 幼儿园听说游戏的指导策略

（一）创设游戏情境，激发幼儿兴趣

1. 运用生动的语言。

教师以饱满的情绪、生动有趣的语言，塑造出栩栩如生的听觉形象，使表达的内容活灵活现，为幼儿创造良好的游戏氛围，激发幼儿参与活动的浓厚兴趣。例如在中班听说游戏“动起来”中，教师用生动、神秘的语言如“你的小手会说话吗”，引起了幼儿的兴趣。又如在小班听说游戏“捉迷藏”中，教师以“开汽车去大森林做客”导入，激发幼儿参与活动的兴趣。

2. 运用直观的实物。

导入游戏时，形象直观的实物能够很好地吸引幼儿。运用与活动相关的物品、玩具、教具来布置游戏环境，制造游戏气氛，会迅速地将幼儿引入游戏的情境之中。例如在大班听说游戏“说相反”中，教师用大小皮球、厚薄书等实物布置游戏环境，让幼儿去找一找有什么不一样、说一说有什么特别的地方。幼儿很快地被环境吸引，自然而然地去看一看、学一学、说一说，在潜移默化中理解反义词的含义。

3. 运用形象的动作。

动作表演能把话语的含义直观地呈现出来，有助于幼儿理解和接受话语，同时，又能打破单调沉闷的气氛，激发幼儿的想象力。例如在小班听说游戏“有趣的表情”中，教师先以图片的形式呈现各种各样的表情，接着让幼儿猜一猜图片上的小朋友怎么了、为什么会有这样的表情，鼓励幼儿大胆、合理地猜想和表达，初步理解表情和人的情绪有关，然后引导幼儿通过看图片学表情，将理解的情感用表情表达出来。

4. 运用综合的手段。

将语言、实物和动作等多种形式综合起来，加以运用。生动活泼的语言、形象直观的实物，再配合惟妙惟肖的动作，有利于调动幼儿参与游戏的兴趣，

能使幼儿的注意力处于高度集中的最佳状态。例如在大班听说游戏“说相反”中，师幼共同创设了“相反王国”情境，教师用神秘的语气引入：“这里是一个奇妙的王国，请你们仔细观察，这里的东西有什么特别有趣的地方?”幼儿通过细致观察、自主探究、语言表达，发现“奇妙王国——相反王国”的秘密。这样的情境能够调动幼儿参与活动的积极性，让幼儿回味无穷。

（二）介绍游戏规则，让幼儿明确游戏玩法

1. 图示引领。

为了让幼儿明确游戏的玩法，教师可运用直观的图示，引导幼儿理解游戏的玩法和游戏开展顺序，知道先做什么、后做什么、什么角色做什么。例如在小班听说游戏“捉迷藏”中，教师出示了“红色卡片——藏在树后面的小刺猬”“蓝色卡片——把眼睛蒙起来的小朋友”这样的图示，让幼儿明确谁先藏起来、谁去找。这样的方式有助于幼儿对游戏玩法的理解。

2. 讲解示范。

听说游戏中的规则并不是凭空制订的，而是教师在设计听说游戏时，根据具体的语言教育目标和语言学习内容制订的。在听说游戏开展之前，教师可以以讲解和示范相结合的方式，引导幼儿理解游戏的规则，明白在游戏中应该说什么和怎样说，知道在参与游戏时应遵守游戏规则。如小班听说游戏“捉迷藏”的游戏规则：音乐响起，红队赶紧找地方藏起来；音乐信号一停，蓝队才能去找；找到了，两个幼儿要互相说“我在××（地方）捉到××（小动物）”“我藏在××（地方）”。不仅有玩的规则，还有说的规则。教师与一名幼儿一起示范后，幼儿很直观地理解了不同的角色应该怎么做、说什么、怎样说。

（三）幼儿自主游戏，教师观察指导

1. 细心观察，了解幼儿。

教师要转变观念，应从游戏的主宰者转换为观察者，仔细观察幼儿游戏，引导幼儿遵守游戏规则。例如大班听说游戏“说相反”中的“对一对”游戏环节，教师设置了两人一组互动游戏的形式，即一个幼儿说词语，另一个幼儿答出相应的反义词，然后互换位置。在活动中，教师通过观察发现，有些说词语的幼儿总是把一组反义词同时说出来，导致游戏无法进行。了解这个

情况后，教师及时提出建议，让幼儿用简单图示记录的方法，先画一个词语请对方来对，然后画上另一个词语组成一组反义词，以此引导幼儿遵守游戏规则。

2. 尊重个性，因材施教。

教师应针对不同幼儿的发展水平和个性特点，采用不同的指导方式，因材施教，使每个幼儿都能通过游戏活动，在原有水平上得到发展。例如在小班听说游戏“打电话”中，教师根据不同幼儿的发展水平，设置了“交朋友”游戏环节。语言表达能力发展较快的幼儿扮演打电话的人，要求其能与同伴问好，介绍自己的姓名等；语言表达能力发展较慢的幼儿则扮演接电话的人，在同伴的引领下进行对话。

3. 适时评价，提出建议。

教师应及时对幼儿在游戏中的表现给予评价，可以以游戏者的口吻进行讲评，也可以以旁观者的身份给予良好的建议，还可以引导幼儿进行自评与互评。例如在小班听说游戏“捉迷藏”中，教师以贴小星星贴纸的方法鼓励幼儿与同伴交流。又如大班听说游戏“说相反”的最后一个环节，教师引导幼儿通过自评、互评等方式共同选出优胜队上台表演、领奖。

六、 各年龄班听说游戏的指导策略

（一）小班

1. 创设情境，激发幼儿游戏的兴趣。

教师应创设能让幼儿理解的、贴近生活的游戏情境，选择生活中的物品、玩具、教具来布置游戏环境，制造游戏气氛，引导幼儿积极参与。例如在小班听说游戏“照镜子”中，教师选择了各种各样的镜子布置环境，让幼儿在游戏中玩一玩、说一说，学说完整句“我是××，我在××”，引导幼儿积极参与活动。

2. 图示讲解，让幼儿明确游戏玩法与规则。

小班幼儿的思维是具体形象的，具体图示配合教师语言说明、动作示范等方式，有助于小班幼儿明确游戏的玩法与规则。例如在小班听说游戏“打电话”中，教师运用图示并结合生动的语言讲解，帮助幼儿了解打电话的方法与规则：想好打给谁—拨打电话—问好—大胆、大声地介绍自己或说自己想说的事情—道别（说“再见”）—挂下电话。

3. 参与游戏，示范指导。

教师可通过角色扮演等方式，直接参与到游戏中，以游戏口吻进行讲评，丰富幼儿词汇量，并教会幼儿正确使用词语的方法。例如在小班听说游戏“捉迷藏”中，教师戴上大象挂牌扮演大象参与“捉迷藏”游戏，提醒幼儿遵守游戏规则，用游戏的口吻纠正幼儿“捉”“藏”的发音。

（二）中班

1. 创设游戏情境，引发幼儿参与活动的兴趣。

创设贴近生活的游戏情境，选择幼儿熟悉的物品来布置游戏环境、制造游戏气氛，能够激发幼儿参与游戏的兴趣。例如在中班听说游戏“捉迷藏”中，教师用幼儿熟悉的动物布偶等布置大森林的情境，然后以“开汽车去大森林做客”导入，引导幼儿听动物的叫声，猜一猜谁来了，激发幼儿参与活动的兴趣。

2. 运用多种方式，介绍游戏的玩法和规则。

教师通过布置任务、讲解要求及出示图示等幼儿能够理解的方式，引导幼儿理解游戏的玩法及游戏开展的顺序。例如在中班听说游戏“我来问你来答”中，幼儿通过观看视频，初步了解游戏玩法；再通过教师的讲解，理解“一个人提问题，一个人回答问题”的游戏规则，清楚地了解了游戏开展的顺序及游戏开展的重点。

3. 幼儿自主游戏，教师观察指导。

在幼儿游戏前，教师应帮助幼儿理解游戏的内容和规则，并且示范游戏玩法，在幼儿了解游戏规则、逐步熟悉游戏玩法、掌握在游戏中运用语言交往的基本方法后，再放手让幼儿自主游戏。幼儿游戏时，教师以游戏者或旁观者的身份，细心观察幼儿的游戏过程，解决幼儿在游戏中出现的不遵守游戏规则、表达不到位等问题，并及时进行点评，以推进游戏的开展，提高幼儿的听说能力。例如在中班听说游戏“我来问你来答”中，在幼儿理解活动内容后，教师采用了“简单的一问一答”“有节奏的一问一答”等循序渐进的方式，先从简单的问答入手，带领幼儿开展问答游戏；在幼儿了解活动内容与规则后，放手让幼儿两人一组自主开展游戏。为了提高幼儿听的能力，增强游戏的趣味性，教师用讲解的方式让幼儿理解“一人提问、多人回答”的循环游戏形式。教师在活动中细心观察幼儿游戏中存在的问题，引导幼儿注意倾听并回答问题，从而进一步提高幼儿的听说能力。

（三）大班

1. 师幼共同创设游戏情境，营造游戏的氛围。

教师可根据活动内容，与幼儿共同收集材料，创设、布置游戏情境。例如在大班听说游戏“说相反”中，师幼共同收集材料（大小不同的皮球、长短不同的尺子、厚薄不同的书等），创设了“相反王国”的游戏情境。幼儿自主观察，并通过对实物的对比、触摸，感知两个同种实物之间的不同，萌发参与游戏的兴趣。

2. 将游戏内容和规则物化于材料与环境之中。

为了让幼儿更清楚地了解游戏内容，教师可将游戏内容、目标物化在环境与材料之中，通过与幼儿共同讨论游戏的玩法、用图谱示意等形式梳理游戏规则，让每个幼儿对游戏的每个部分、每个细节都有更加清晰的了解，帮助幼儿直观地理解游戏规则，从而促进游戏顺利开展。例如在大班听说游戏“接龙游戏”中，教师设计了“图片接龙”游戏，即下一张图片名称的第一个字要与上一张图片名称的最后一个字一样或者具有相同的发音。例如大树（出示大树图片）、薯条（出示薯条图片）、条纹（出示条纹图片）……将游戏内容、目标物化于图片中，能让幼儿对游戏的玩法有更加清晰的认识。

3. 幼儿分组游戏，教师外部指导。

幼儿在了解游戏玩法和规则后，自主开展游戏，教师以旁观者的身份给予指导。大班幼儿语言表达的欲望较强，参与游戏的积极性高，由于活动时间的限制，以集体参与的形式开展游戏会导致幼儿等待的时间较长。因此，游戏可采用分组的形式，以增加游戏次数，让每个幼儿都有多次练习的机会。例如大班听说游戏“说相反”的最后一个环节，为增加游戏的趣味性和挑战性，教师设置了“猜一猜”的分组游戏，请幼儿轮流表演动作或表情，其他幼儿来猜猜表演的幼儿想表达的反义词，以小组形式开展游戏，使每个幼儿都得到了充分的表演和表达的机会。

第二节　幼儿园听说游戏设计

照　镜　子（小班）

设计者：庄　婷

活动目标

✲学习说短句“我是××，我在××”，学用词语描述表情。

✲能倾听同伴发言。

✲喜欢参加语言活动，愿意大胆表述自己的想法。

活动准备

∵经验准备：幼儿有照镜子的体验。

∵物质准备：各种各样的镜子（圆镜、方镜、全身镜等）若干。

∵环境创设：将各种各样的镜子摆在不同位置，创设“镜子王国”情境。

活动过程

一、参观“镜子王国”，激发幼儿参与活动的兴趣。

1. 引导语。

教师：今天，我们一起去神秘的“镜子王国”参观吧！

2. 幼儿自主探索镜子，丰富照镜子的经验。

教师：你在镜子里看到了什么？

二、开展游戏“照镜子”，引导幼儿学习用完整句“我是××，我在××”描述自己的表情。

1. 引导语。

教师：小镜子想跟我们玩一个好玩的游戏。

2. 介绍游戏规则。

教师：每个小朋友找一面镜子交朋友。小朋友用镜子照照自己，做出不同的表情，并用好听的声音说一说“我是××，我在××”。

3. 幼儿游戏，学习用完整句表达。

教师：准备好了吗？照镜子，照镜子，看看镜子里是谁。

三、开展游戏“我和镜子做游戏”，引导幼儿两两合作，相互模仿同伴的动作并描述。

1. 出示立式的全身镜，让幼儿说说照全身镜的感受。

教师：你和大镜子交朋友了吗？你看到了什么？发现了什么？（镜子里的人和照镜子的人的动作、表情是一样的。）

2. 示范游戏，引导幼儿了解游戏规则。

（1）引导语。

教师：我要变成神奇的镜子，谁来和我一起玩？

（2）介绍游戏规则。

①幼儿两两合作，面对面站立，商量好谁当小动物（照镜子的人），谁当镜子。

②一人先做动作，大声说短句“我是××，我在××”，另一人认真听后模仿同伴的动作并描述。

3. 引导幼儿合作开展游戏，认真听并正确模仿和描述。

教师：照镜子，照镜子，看看镜子里是谁。请两个小朋友为一组，玩“我和镜子做游戏”游戏吧。

4. 集中交流、分享。

（1）引导幼儿回顾游戏过程。

教师：刚才我们玩了什么游戏？小朋友们开心吗？

（2）请幼儿分享交流、评价。

教师：你发现玩游戏的时候谁是遵守游戏规则的好宝宝？哪一组小朋友说得最好？

活动延伸

★区域活动：请幼儿到语言区继续开展“我和镜了做游戏”游戏。

有趣的表情（小班）

设计者：黄如珊

活动目标

✲理解高兴、伤心、害怕、生气时的表情并能用语言、面部表情表达与表现。

✲能听懂并理解游戏规则。

✽喜欢参加听说游戏，愿意大胆表述自己的想法。

活动准备

✣物质准备：各种表情的图片若干，游戏“抽卡说表情”、游戏“变脸猜猜看”图示，表情卡片每组（两两幼儿为一组）一份。

✣环境创设：创设放置有各种表情照片的“米奇照相馆”。

活动过程

一、以参观“米奇照相馆”引入，激发幼儿参与活动的兴趣。

1. 引导语。

教师：今天“米奇照相馆”开张啦！我们一起去参观，好吗？

2. 幼儿两两交流自己喜欢的表情。

教师：你喜欢哪个表情呀？请和旁边的好朋友说一说，并把你喜欢的表情表演给你的好朋友看。

3. 小结。

教师：人有许多的表情，有哭的、生气的、害怕的、笑的……

二、观察表情图片，猜想产生不同表情的原因，体验不同的表情所表现的心情。

1. 猜一猜：他怎么啦？

（1）提问。

教师：图片上的小朋友为什么会有这样的表情呢？（鼓励幼儿大胆、合理猜想和表达。）

（2）用图示梳理表情产生的原因。（初步理解表情和人的情绪有关。）

2. 学一学：看图片学表情。

教师：小朋友们认识了许多表情，教师准备了各种表情图片，考考谁最厉害，学的表情最像。

3. 小结。

教师：开心的时候，可以用哈哈大笑、眯眯笑、微笑等表情来表示；难过的时候，可以用哇哇大哭、默默流泪等表情来表示。

三、开展游戏“有趣的表情”。

1. 游戏一：抽卡说表情。

（1）出示图示，讲解游戏玩法和规则。

教师：两个小朋友一组，一个小朋友说“我来抽卡片，你来说表情”并抽取卡片，另外一个小朋友说出卡片上的表情，然后两个人交换游戏。看看哪个小朋友说得又快又对。

（2）与一个幼儿示范游戏。

（3）幼儿自由结伴开展游戏；教师巡回指导，重点引导幼儿理解和区分“生气”“难过”两种不同的表情，提醒幼儿遵守游戏规则。

2. 游戏二：变脸猜猜看。

（1）结合图示讲解游戏玩法和规则。

教师：两个小朋友一组，一个小朋友说“变变变，猜猜我是什么表情”并表现出表情，另外一个小朋友猜表情，说对了就抱一抱，然后两个人交换游戏。看看哪个小朋友猜得又快又对。

（2）幼儿自由结伴开展游戏，教师提醒幼儿遵守游戏规则。

活动延伸

★生活活动：引导幼儿设计心情贴纸，鼓励幼儿每天用心情贴纸表达自己在幼儿园的心情。

★家园共育：引导家长在家中注意保持幼儿愉快的情绪。

捉 迷 藏（小班）

设计者：陈巧晏

活动目标

✲学习正确使用人称代词、方位词说简单短句，发准“捉”“藏”字音。

✲乐于参加听说游戏，能遵守游戏规则。

活动准备

∵经验准备：幼儿认识常见的动物。

❖物质准备：小鸡、小猫、小鸟、小狗、小蜜蜂、小鸭、青蛙等小动物挂卡（挂卡上分别有红色或蓝色的边框，挂于“大森林”情境中），大象挂牌，背景音乐，不同小动物的叫声录音，播放器，小星星贴纸。

❖环境创设：在幼儿园自然环境中布置大森林情境（动物布偶、草地、大树、房子等）。

活动过程

一、以“开汽车去大森林做客”导入，激发幼儿参与游戏的兴趣。

1. 欣赏“大森林”的美丽景色。

教师：美丽的“大森林”到了，我们来看看“大森林”里有什么。

2. 播放小动物的叫声，引导幼儿猜出动物名。

教师：请小朋友听一听、猜一猜、说一说谁来了。

二、开展游戏“找小动物交朋友”，引导幼儿正确使用人称代词说简单短句。

1. 介绍游戏规则。

教师：音乐响起，小朋友们就去找“小动物”，找到了就和它问好“你好，××”，然后把小动物卡片挂在身上，大声告诉大家“我找到了××”。

2. 与一个幼儿示范游戏，让幼儿明确游戏的玩法与规则。

3. 幼儿自主游戏。

三、开展游戏“捉迷藏”，引导幼儿正确使用人称代词、方位词说简单短句。

1. 介绍游戏的玩法。

教师：大家想玩“捉迷藏”游戏吗？小朋友们要分成两队在“大森林”里玩“捉迷藏”游戏哦。戴红色小动物卡片的小朋友是红队，先找个地方藏起来；戴蓝色小动物卡片的小朋友是蓝队，去找红队的小朋友，找到了就捉住他。

2. 引导幼儿看游戏规则图示，理解游戏的要求。

（1）引导红蓝两队幼儿在不同的地点集合。

教师：先看清楚你是哪队的小动物，红队的小动物到小树下面集合，蓝队的小动物在小房子前面集合。

(2) 提出游戏要求。

①红队的小动物想一想你打算藏在“大森林”的什么地方，听到音乐信号就马上藏起来。

②音乐信号一停，蓝队的小动物就到“大森林”里去找。

(3) 找到了，蓝队的小朋友要说“我在××（地方）捉到××（小动物）”，红队的小朋友要说“我藏在××（地方）”。

3. 与一个幼儿示范游戏。

4. 幼儿自主游戏。

(1) 戴上大象挂牌扮演大象，参与游戏，帮助幼儿发准“捉”“藏”字音。

(2) 提醒幼儿遵守游戏规则。

(3) 用贴小星星贴纸的方法鼓励幼儿与同伴交流。

(4) 请幼儿交换小动物挂卡再次游戏。

四、集中交流、分享。

1. 引导幼儿回顾游戏过程。

教师：刚才我们玩了什么游戏？小朋友们开心吗？

2. 幼儿互相交流、评价。

教师：你发现玩游戏的时候谁是遵守游戏规则的好宝宝？“捉迷藏”游戏里谁说得最好？

五、结束游戏。

以“小动物开汽车回家”结束游戏。

打 电 话（小班）

设计者：陈 健

活动目标

✻能向同伴大胆、大声地介绍自己。

✻提高口语表达能力，会运用简单的礼貌用语。

✻体验和同伴互相交流的快乐。

活动准备

∴物质准备：小兔玩偶，电话玩具若干，小兔在幼儿园哭的图片，打电话步骤图示，音乐《打电话》，播放器，情境图片每组（两两幼儿为一组）一份。

活动过程

一、以小兔玩偶引入，激发幼儿打电话的兴趣。

教师：小兔刚上幼儿园，认识了几个好朋友，晚上回到家，它想好朋友了，怎么办呢？

二、引导幼儿了解打电话的方法。

1. 提问。

教师：小朋友们打过电话吗？你给谁打过？你是怎么打的？

2. 出示打电话步骤图示，帮助幼儿了解打电话的方法。

（1）想好打给谁。

（2）拨打电话号码。

（3）问好，大胆、大声地介绍自己或说自己想说的事情。

（4）道别说“再见”，挂下电话。

三、参与游戏“我会打电话”，巩固打电话的方法。

1. 游戏一：交朋友。

（1）讲解游戏玩法和规则。

教师：谁愿意和小兔打电话？先向小兔介绍你自己，告诉它你叫什么名字、几岁了，再说“我很高兴和你做朋友”。

（2）扮演小兔与个别幼儿打电话，鼓励幼儿大声、大胆地介绍自己，正确地运用礼貌用语。

(3) 幼儿两两自由结伴开展游戏，分别扮演打电话和接电话的人；教师重点指导幼儿使用礼貌用语并向同伴大胆、大声、较完整地介绍自己。

2. 游戏二：悄悄话。

(1) 出示小兔在幼儿园哭的图片，引导幼儿丰富打电话的内容。

教师：小兔在幼儿园想妈妈了，它在哭，你们打电话可以跟它说些什么呀？

(2) 请个别幼儿尝试与小兔打电话。

(3) 介绍游戏“悄悄话”的玩法和规则。

教师：两个小朋友一组，翻翻情境图片，看看图片上是谁、他们在做什么，然后两个人互相打电话说一说想说的话。

(4) 幼儿游戏；教师指导，引导幼儿根据图片内容互相打电话，大胆说出自己想说的事情。

四、播放歌曲《打电话》，在音乐中以打电话的方式结束活动。

教师：我们现在一起来打电话找找好朋友，当找到你的好朋友时，要先说出好朋友的名字，接着互相问好，然后互相抱抱。

动　起　来（中班）

设计者：赵　芸

活动目标

✼能正确运用动词，学说简单的完整句。

✼学会倾听同伴发言，提高思维的敏捷性和大胆、连贯、完整表达的能力。

✼体验参与游戏的愉悦。

活动准备

∴经验准备：幼儿有手语表演的经验，并学习、理解了一些简单的动词。

∴物质准备：手语视频，游戏“我做你猜”、游戏“猜卡片”图示，奖励贴纸，动作卡片每组一套。

∴环境创设：创设一个“娃娃聊天室”。

活动过程

一、以“我的小手会说话”引题，激发幼儿参加游戏的兴趣。

1. 引导语。

教师：你的小手会说话吗？今天老师带来了一个视频，视频里的小手会说话，我们一起来看看吧。

2. 幼儿自主观看手语视频；教师重点引导幼儿观察手的动作，并说说小手在“说”什么。

3. 幼儿两两交流，教师鼓励幼儿大胆表达。

4. 小结。

教师：我们的小手会说话，可以做各种动作，如拍手、摆手、招手等。

5. 师幼一起做几个动作，体会相同的手的动作可以表示不同的含义，如摆手可以表示“再见”“不要”等。

二、开展游戏“动一动”，引导幼儿学会倾听，养成倾听的好习惯。

1. 游戏一：我做你猜。

（1）提问。

教师：我们的身体还有什么地方会动？把你的动作做出来，并与旁边的小伙伴说一说。

（2）开展游戏“我做你猜”，用图示帮助幼儿理解游戏的玩法与规则。

教师：两个幼儿一组，一个幼儿可以用身体任何一个部位做动作，另一个幼儿猜一猜动作的含义并用一个简单句“你在××”表达出来。

（3）小结。

教师：我们身体有许多地方会动，不同的动作有不同的含义。

2. 游戏二：猜卡片。

（1）引导语。

教师：今天我们一起玩一个“猜卡片”的游戏，好吗？

（2）与幼儿共同讨论游戏规则，并用图示梳理。

教师：分组开展游戏，几个小朋友为一组，小组中每个小朋友轮流看卡片做动作，其他幼儿猜动作并用“他在××”讲述，然后共同用卡片验证。猜对的小朋友获得一个奖励贴纸，看谁猜得多。

（3）幼儿分组游戏，教师重点观察幼儿游戏的情况并引导幼儿遵守游戏规则。

（4）师幼共同评出最佳“娃娃聊天室”与“猜猜小达人”。

三、开展游戏“我说你做”。

1. 教师说一句带动作的句子，幼儿倾听并表演这个动作。

2. 集体游戏。

活动延伸

★家园共育：请幼儿在家中与家长一起做各种动作，并用一句话来描述动作；也可以请家长说一句带动作的句子，幼儿倾听并表演动作。

我来问你来答（中班）

设计者：郭百龄

活动目标

✻初步学习用有节奏的语言以一问一答的形式与同伴互动。

✻提高倾听的准确性、语言表达能力和反应能力。

✻体验与同伴互动的乐趣。

活动准备

✧经验准备：幼儿知道常见动物、日常生活用品、日常学习用品的名称。

✧物质准备："我来问你来答"游戏视频，播放器，有狮子、大象、猴子等动物的森林图片，有天鹅、青蛙等动物的池塘图片，问题卡（什么东西可以吃？桌子上有什么？房子里面有什么？池塘里面有什么？森林里面有什么？公园里面有什么？书包里面有什么？超市里面有什么？）每组（两两幼儿为一组）一套。

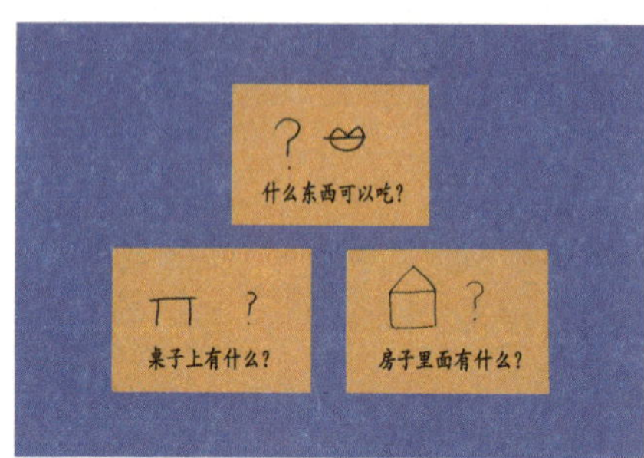

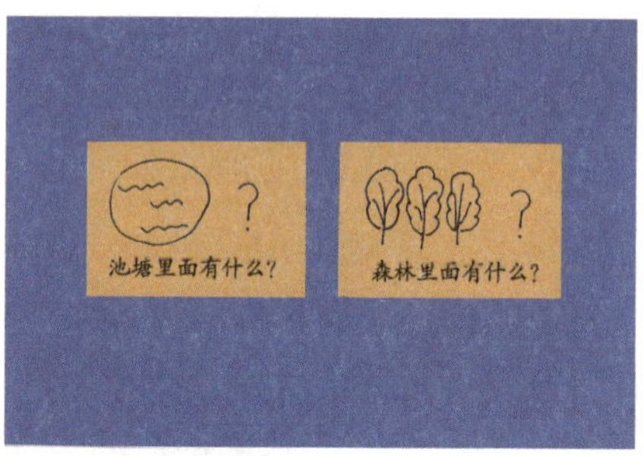

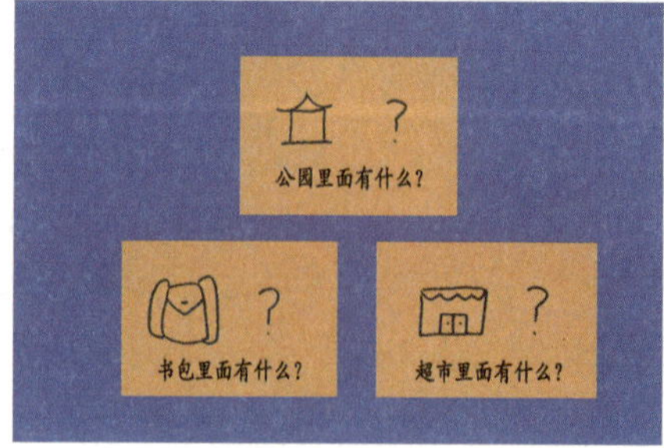

活动过程

一、介绍游戏的玩法，激发幼儿参与活动的兴趣。

1. 引导语。

教师：最近，森林里的小动物们很喜欢玩一个叫“我来问你来答”的游戏，可好玩了！我们来看看，它们是怎么玩的？

2. 幼儿观看游戏视频，初步了解玩法。

3. 引导幼儿两两交流。

教师：游戏是怎么玩的？哪个部分很有趣？（一个人提问题，一个人回答问题，边玩边有节奏地拍手。）

二、出示森林、池塘图片，与幼儿玩一问一答的游戏。

1. 初步体验一问一答的玩法。

（1）引导幼儿观看森林图片。

教师：森林里住了许多动物，我们看看森林里面有什么。

（2）提醒幼儿使用“森林里面有××”的句式回答。

（3）随机抽取幼儿回答，提醒幼儿避免答案重复。

2. 边拍手边提问，鼓励幼儿尝试边拍手边回答，体验语言的节奏感。

（1）引导幼儿观察池塘图片。

教师：我们又来到了小池塘边上，看看池塘里面有什么。

（2）与幼儿玩有节奏的一问一答游戏。

①教师提问：“池塘 里面｜有 什么｜？”

②提醒幼儿使用“池塘 里面｜有 ××｜！”的句式回答。

③随机抽取幼儿回答，提醒幼儿边回答边有节奏地拍手。

三、开展游戏“我来问你来答”。

1. 游戏一：两两游戏——我来问你来答。

（1）讲解游戏玩法和规则。

教师：两个小朋友一组，抽取问题卡，互相提问和回答，回答不出或者答案重复，则不过关，换一个问题继续提问。游戏反复进行。

（2）引导回答的幼儿认真听问题，大声回答；提问的幼儿关注同伴的答案，避免重复。

（3）提醒幼儿注意遵守游戏规则，不过关要换题目。

2. 游戏二：小组游戏——我来问大家答。

（1）讲解游戏玩法和规则。

教师：小朋友轮流担任提问的人，可以随机抽取问题卡提问，也可以自主提问。其余的小朋友按照顺序一个接着一个回答，按节奏回答出不重复的答案才能过关；回答不出者、答案重复者、节奏错误者由提问者换一个问题继续提问。游戏反复进行。

（2）引导幼儿注意提问和回答的节奏。

（3）提醒幼儿注意观察周围的环境，积极回忆生活中的常见物品以寻找答案。

四、活动自然结束。

活动延伸

★区域活动：在语言区中，继续投放问题卡开展游戏。

★家园共育：鼓励幼儿与家长一起开展“我来问你来答”的游戏，不断丰富生活经验，锻炼反应能力。

接龙游戏（大班）

设计者：翁增云

活动目标

✲能根据词语的最后一个字大胆组词进行接龙游戏，理解并遵守游戏规则。

✲学会安静倾听同伴说话，提高思维的敏捷性。

✲体验和同伴一起玩图片接龙游戏的趣味。

活动准备

∵经验准备：幼儿有较丰富的词汇量，玩过看图片说词语的游戏。

∵物质准备：课件（麦咭动画形象、大树图片、十张画有不同物体的图片、“图片接龙”游戏玩法视频、能够形成词语接龙的相关图片），奖励贴纸，幼儿两人一组使用的图片卡，幼儿三至四人一组使用的图卡箱（里面放有词语图片）、记录纸、笔。

活动过程

一、以“麦咭大闯关”导入活动，激发幼儿参与活动的兴趣。

教师：麦咭又来邀请大家闯关啦，你们想参加吗？

二、开展闯关游戏“看图说词”，引导幼儿观察图片内容，并用词语进行描述。

1. 引导语。

教师（播放课件中麦咭动画形象）：今天的第一关是“看图说词”，请你们认真观察图片，并用词语把它说出来。

2. 引导幼儿观察大树图片，大胆用相应的词语描述。

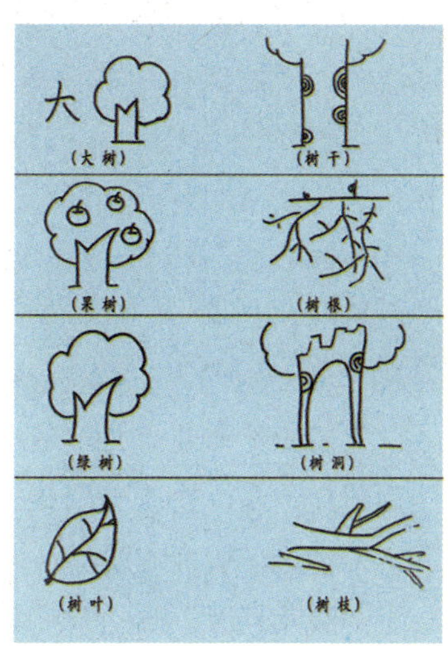

（1）提问。

教师：这张图上有什么？我们可以怎么说？（教师根据幼儿的表述，用简单的符号记录：大树、树干、果树、树枝、树叶等。）

（2）师幼根据符号记录图示共同小结。

教师：同样一张图片，可以用不同的词语来说。

3. 开展游戏“看一看、说一说”，鼓励幼儿与同伴两人一组，观察图片内容，大胆用词语进行表达。

（1）引导语。

教师：麦咭这里还有十张图片，请你找个小伙伴组成一组，一起看图说词语。小伙伴说出一个词语，你就可以奖励他一张贴纸，看看谁说得又多又好。

（2）幼儿两人一组进行“看一看、说一说”游戏，教师重点观察幼儿能否根据图片说出不同的词语。

三、开展闯关游戏“图片接龙”，引导幼儿尝试根据图片内容选择合适的图片进行接龙游戏。

1. 了解游戏“图片接龙”的玩法。

（1）引导语。

教师（播放课件中麦咭动画形象）：你们太棒了，看着图片就说出了不同的词语，第一关闯关成功。接下来是第二关游戏“图片接龙”。什么是“图片接龙”呢？请看大屏幕。

（2）幼儿观看“图片接龙”游戏的玩法视频，了解游戏玩法。

教师：看完视频，你发现了什么？（鼓励幼儿大胆表达自己的发现。）

(3) 梳理游戏“图片接龙”的玩法要点。

①下一张图片名称的头一个字是上一张图片名称的尾字。

②接龙的字可以是同一个字，也可以是一样发音的字。

2. 幼儿游戏。

(1) 集体开展“图片接龙”游戏，教师引导幼儿进一步了解接龙游戏的玩法。

教师播放课件中的词语接龙图片，例如：大树（出示大树图片）—薯条（出示薯条图片）—条纹（出示条纹图片）……

(2) 幼儿两两开展游戏“图片接龙”，教师鼓励幼儿根据手中的图片，大胆开展接龙游戏。

①用图示帮助幼儿理解游戏的玩法与规则：两人一组，认真观察自己手中的图片，两人轮流出图接龙；接龙时要认真听同伴说的词语，并为词语最后一个字选择适合的图片，说词接龙。

②幼儿开展游戏；教师观察幼儿的游戏情况，重点了解幼儿是否会观察图片内容，并根据同伴说的词语选择适宜的图片进行接龙游戏。

四、开展闯关游戏“抽图接龙比赛”，引导幼儿通过抽卡、说词、画图等方式开展接龙游戏，加深对接龙游戏玩法的理解，并能运用自己已掌握的词语开展游戏。

1. 引导语。

教师（播放课件中麦咭动画形象）：接下来，我们要进行终极挑战，玩“抽图接龙比赛”游戏。

2. 与幼儿共同讨论游戏的玩法，并用图示帮助幼儿理解游戏的玩法与

规则。

（1）三至四个幼儿为一组，一个幼儿从图卡箱抽图，以这张图片为开头大胆接龙，所有幼儿轮流接龙。

（2）选出一个组长用简单符号记录大家接龙的词语。

（3）比一比哪一组的小朋友接龙的词语最多，选出优胜组上台表演。

3. 幼儿分组开展接龙游戏；教师鼓励幼儿根据同伴所说词语的词尾的相同字或发音大胆接龙，并用符号记录接龙内容。

4. 师幼通过自评、互评的方式选出优胜队上台表演、领奖。

活动延伸

★区域活动：在语言区中投放词语接龙图片，请幼儿根据图片继续开展“图片接龙”游戏。

★家园共育：引导幼儿回家后与家长一起玩“图片接龙”游戏，不断丰富词汇量。

说　相　反（大班）

设计者：林嘉颖

活动目标

❉能理解并正确说出意思相反的词。

❉理解游戏中较复杂的指令，并遵守游戏规则。

活动准备

∴经验准备：幼儿初步了解反义词的含义，掌握了一些简单的反义词。

∴物质准备：长短不同的尺子、厚薄不同的书本、大小不同的皮球等实物，游戏“说一说”、游戏“猜一猜”图示，奖励贴纸，记录纸、笔每组一份。

∴环境创设：师幼共同创设一个“相反王国”情境，其中物品的特征都是相反的。

活动过程

一、以“相反王国”引入，激发幼儿参加游戏的兴趣。

1. 引导语。

教师：这里是一个奇妙的王国，请你们仔细观察，这里的东西有什么特别有趣的地方？

2. 幼儿自主观察；教师重点引导幼儿细致观察并对实物进行对比、触摸，感知两个同种实物之间的不同。

3. 幼儿两两交流，教师鼓励幼儿大胆表述。

4. 小结。

教师：刚才小朋友发现皮球有的大有的小，书有的薄有的厚，尺子有的长有的短。“大”与“小”、“厚”与“薄”、“长”与“短”这些意思相反的词叫反义词。

二、开展游戏“有趣的反义词”，引导幼儿大胆、连贯、正确地表述。

1. 开展游戏“说一说”，引导幼儿正确说出一组反义词，初步理解反义词的含义。

（1）引导语。

教师：你们知道的反义词有哪些呢？我们一起来玩一个“说一说”的游戏，比一比谁知道的反义词最多。

（2）用图示帮助幼儿理解游戏的玩法与规则。

教师：说一组反义词的时候要同时说出两个意思相反的词，比一比谁说得最多。

（3）幼儿根据已有生活经验大胆表达，教师重点观察幼儿能否正确说出完整的一组反义词。

（4）集体交流，教师根据幼儿的讲述用简单的图示符号记录。

2. 开展游戏“对一对”，引导幼儿互相说出相对应的反义词，进一步理解反义词的实际意义。

（1）引导语。

教师：一组反义词有两个不同意思的词，我们一起来玩“对一对”的游戏，好吗？

（2）与幼儿共同讨论游戏规则，并用图示梳理。

教师：两个小朋友一个说词语，另一个答出相应的反义词，然后轮流。答对反义词的小朋友可获得一个奖励贴纸。评出说得最多、猜得又对又快的一组小朋友。

（3）幼儿两两游戏，教师重点观察幼儿合作的情况并引导幼儿遵守游戏规则。

（4）师幼共同评出优胜小组。

3. 开展游戏“猜一猜”，引导幼儿通过动作、表情、体态表演反义词，加深对反义词实际运用的体验。

（1）引导语。

教师：接下来我们来玩“猜一猜”的游戏，请你用你的动作或表情来表演你想说的反义词，你想表演哪组反义词呢?

（2）与幼儿共同讨论游戏的玩法，并用图示帮助幼儿理解游戏的玩法与规则。

教师：五个小朋友为一组，小朋友轮流表演反义词，另外四个小朋友猜。每组选出一个组长，请组长用符号记录大家表演的反义词。全班选出优胜组上台表演。

（3）先请一组幼儿示范游戏，接着分组游戏；教师重点观察幼儿的表演情况及记录的结果。

（4）幼儿通过自评、互评等方式共同选出优胜队上台表演、领奖。

活动延伸

★家园共育：引导幼儿回家后与家长一起在生活中寻找反义词。

第四章　幼儿园文学活动指导与设计

第一节　幼儿园文学活动指导

一、幼儿园文学活动的含义

幼儿园文学活动，也称作儿童文学作品学习活动。儿童文学作品，是指与0～6岁儿童心理发展水平、接受能力和阅读能力相适应的各类文学作品。幼儿园文学活动是通过文学作品来帮助幼儿学习语言的教育活动，一般从一个具体的文学作品入手，围绕着这个作品展开一系列相关的教学活动，帮助幼儿理解文学作品所展示的丰富而有趣的生活，引导幼儿体会语言艺术的美，为幼儿提供全面学习语言的机会，是幼儿园语言教育中必不可少的重要组成部分。

二、幼儿园文学作品的类型

儿童文学作品包括儿歌、儿童诗、儿童散文、儿童故事等体裁。

（一）儿歌

儿歌，是一种适合低龄儿童念唱、欣赏的歌谣。儿歌语言简洁通俗，有节奏，音韵和谐，朗朗上口；往往以叙述、说明等方式表述事物现象，生动幽默，富有趣味，如《滑滑梯》《小雨点》《摇篮》等。

（二）儿童诗

儿童诗，是指适合儿童听、赏、诵、读的自由体短诗。儿童诗的格式比较灵活自由，题材广阔，内容丰富而深厚，更注重情感的抒发、意境的创造，如《春天是一本书》《风在哪里?》等。

（三）儿童散文

儿童散文，是专门为儿童创作并适合儿童欣赏的，篇幅短小、有一定知识性的，文情并茂、富有情趣的文学作品，具有“形散神不散”的特点，如《伞》《云彩和风儿》等。

（四）儿童故事

儿童故事，是以叙述事件为主，有故事情节，比较适合于口头讲述的文学作品，如《月亮树》《小猪和靴子》《聪明的乌龟》等。

三、幼儿园文学作品的特点

（一）儿歌的特点

儿歌内容浅显、易为幼儿所理解，篇幅简短，结构单一，语言活泼，节奏明快。例如儿歌《小雨点》：“小雨点，沙沙沙，落在花园里，花儿乐得张嘴巴。小雨点，沙沙沙，落在池塘里，鱼儿乐得摇尾巴。小雨点，沙沙沙，落在田野里，苗儿乐得向上拔。”短小的儿歌将雨中动植物的特点生动形象地表现出来。

（二）儿童诗的特点

儿童诗情感洋溢，形象鲜明，能较生动地表现美好的情感、有趣的情致。例如《春天是一本书》，通过描述春天是一本彩色的、会笑的、会唱的书，表现出春天美丽的景色，激发幼儿热爱大自然的美好情感。

（三）儿童散文的特点

儿童散文一般描写生动，贴近幼儿生活，明丽清纯、充满情趣，意境优美，具有丰富想象。例如《云彩和风儿》中描写云彩变化的内容：“吹呀吹，云彩变成小白船，竖起桅杆，扬起风帆。吹呀吹，云彩变成大狮子，躬起身子，张开大口。吹呀吹，云彩变成胖娃娃，头戴金帽子，身穿白围兜。”把云彩奇异变化的意境以拟人化的手法活灵活现地表现出来。

（四）儿童故事的特点

儿童故事的内容一般是幼儿所熟悉的，情节生动有趣，有一定的主题。例如故事《半个蛋壳》，蛋壳是幼儿所熟悉的，整个故事都是围绕小老鼠将半个蛋壳当作不同物品而发生的有趣的事而展开。

四、幼儿园文学活动的教育价值

（一）让幼儿感受儿童文学作品的美

儿童文学作品具有语言美、形象美以及意境美等特点，能陶冶幼儿的情操，丰富幼儿的语言。例如故事《月亮树》，讲述的是小动物们将月亮想象成各种物体的故事，意境优美，能给予幼儿很大的想象空间；又如诗歌《春天是一本书》，能让幼儿感受到春天大自然的美丽景色；再如诗歌《落叶》，能让幼儿感受到小动物与落叶玩耍而呈现出的有趣情境。

（二）让幼儿理解儿童文学作品的内容

儿童文学作品为幼儿传递着各种文化知识、观念和情感，幼儿通过对作品的学习与理解，充分感知作品的内容，在这一过程中，理解能力能得到不断提高。例如通过学习故事《月亮树》，幼儿理解了小动物们把月亮当成了什么；通过学习故事《小猪和靴子》，幼儿理解了小动物们为什么将靴子当成不同的物品；通过学习诗歌《风在哪里?》，幼儿理解了为什么说风给一年四季带来了不同的风景。

（三）让幼儿积累优美的语句、丰富词汇量

儿童文学作品中含有丰富的词语和优美的语句，幼儿在欣赏、阅读儿童文学作品的过程中能不断地加以积累并运用，不仅扩大了知识面，而且提高了语言表达能力。如幼儿在故事《半个蛋壳》中，学习了新的句型“我把半个蛋壳当成××”；在故事《灰灰先生》中，丰富了词语“干干净净”“香喷喷”“亮堂堂”；在诗歌《风在哪里?》中，理解了词语“翩翩起舞”“频频点头”；等等。

五、 幼儿园文学活动的目标

（一）总目标

1. 喜欢欣赏儿童文学作品，感受、体验儿童文学作品所表达的情感。

2. 初步理解作品内容，感受作品的语言美、意境美，丰富词汇量，学习优美语句。

3. 能倾听作品内容，大胆表达、表现对作品的理解。

4. 愿意再现儿童文学作品内容，并能创造性地运用语言扩展个人经验和想象。

（二）各年龄班目标

1. 小班

（1）喜欢听故事、跟读韵律感强的儿歌及童谣，对文学作品的语言感兴趣。

（2）会倾听并能听懂短小的儿歌或故事，知道有不同体裁的文学作品。

（3）能口齿清楚地念儿歌、童谣或复述故事中的简短句式、对话等内容。

2. 中班

（1）喜欢欣赏儿童文学作品，感受文学作品的语言美，并能随着作品的展开产生喜悦、担忧等相应的情绪反应，体会作品所表达的情绪、情感。

（2）会带着问题倾听，能讲出所听作品的部分内容。

（3）喜欢朗诵儿歌、散文等作品，愿意复述故事，初步感受作品的情感基调，并能运用较恰当的语言、动作、表情等表现自己的理解。

3. 大班

（1）乐意欣赏不同体裁、不同风格的文学作品，不断积累文学语言，并尝试在适当场合运用。

（2）会自主倾听，能清楚地讲出所听作品的主要内容。

（3）理解作品所表达的主题，感受作品的情感脉络，能大胆说出自己对作品的看法，有初步的中心概括能力。

（4）能有感情地朗诵儿歌、散文等作品，能以表演等形式形象地再现故事主要情节。

六、幼儿园文学活动的一般指导策略

（一）多形式激趣与引题，激发幼儿对文学作品的兴趣

1. 开展谈话，引导幼儿结合已有生活经验进行猜想。

2. 以木偶、玩偶的情境表演等形式导入，为学习文学作品做准备。

3. 综合运用多媒体、视频、音频、图片等载体，激发幼儿兴趣，导入学习。

（二）多形式倾听与欣赏，帮助幼儿感知文学作品的意境和内容

1. 教师有表情地朗诵。

2. 教师出示图片、视频、表征符号等材料，幼儿边看边倾听。

3. 幼儿结合情境表演边表演边倾听。

4. 幼儿将所听到的内容以图示表征，运用语言表达。

（三）多手段理解，帮助幼儿进一步感知文学作品的内容

1. 教师动作表演，帮助幼儿理解词语。

2. 教师运用图示梳理情节，帮助幼儿理解内容。

3. 幼儿两两对话，理解重点句式。

4. 幼儿表演部分情节，突破重难点。

5. 幼儿体验游戏，调动已有经验。

（四）多形式表达，帮助幼儿创造性地表现

1. 幼儿分角色扮演，学习对话语言。

2. 集体诵读，学习文学语言。

3. 幼儿轮流诵读或讲述，发展表达能力。

4. 教师请个别幼儿生动诵读或讲述，引导幼儿创造性地表现。

七、 各年龄班开展幼儿园文学活动的指导策略

（一）小班

小班幼儿的思维具有具体形象的特点，以无意注意为主。这个年龄段是词汇量增长的高峰期，以学习简单句为主。小班文学活动可以采用以下指导策略。

1. 导入环节。教师可运用形象生动的木偶、动画、图片等形式导入，吸引幼儿的注意。如学习儿歌《滑滑梯》，教师可以以滑梯的图片来导入，激发幼儿学习兴趣。又如欣赏故事《月亮树》，教师可以通过课件“会变的月亮”导入，在情境中引发幼儿的学习兴趣。

2. 欣赏文学作品环节。小班文学活动的欣赏作品环节，第一遍，一般先引导幼儿倾听教师朗诵；第二遍，可以让幼儿边看图片或视频边倾听。

3. 理解文学作品环节。以体验游戏为主要的学习方式，如在故事《半个蛋壳》的学习活动中，教师让幼儿去草地上找半个蛋壳，带上蛋壳和其他小朋友一起做游戏，并用形象的图示帮助幼儿梳理作品的内容，加深幼儿对作品的理解。

4. 创造性表现环节。教师可引导幼儿在情境中对主要句式进行替换练习，或配上动作跟着教师一起诵读。如故事《半个蛋壳》的学习活动中，教师启发幼儿“开动脑筋想想，半个蛋壳还能当成什么呢”，引导幼儿使用句式“我把半个蛋壳当成××”进行讲述，进一步体验故事中“半个蛋壳”的有趣变化。

（二）中班

随着年龄的增长，中班幼儿生活经验逐渐丰富，语言开始由简单句向复杂句发展，有修饰的语言开始占优势。中班文学活动可以采用以下指导策略。

1. 导入环节。教师可以以情境表演或猜想等形式导入。如在故事《小猪和靴子》的学习活动中，教师可以表演故事的某一片段，让幼儿根据已有经验进行猜想，为下面的学习做好准备。

2. 欣赏文学作品环节。教师可单独朗诵或配乐朗诵，结合图片、视频等，

让幼儿边看边倾听，加深对作品的感知。

3. 理解文学作品环节。教师可先通过简要的图示表征文学作品内容，将幼儿零散的经验进行梳理，再通过动作表演等形式帮助幼儿理解文学作品中的难点，支持幼儿的学习。例如在儿歌《小雨点》的学习活动中，教师在运用图示展示作品内容后，引导幼儿表演“张”“摇”“拔”的动作，让幼儿结合已有经验大胆地表现，进而理解作品内容所表达的意思。

4. 创造性表现环节。教师可以选择故事或诗歌中的一段对话进行表演，如在故事《小猪和靴子》的学习活动中，可引导幼儿学习与表演小猪与八哥、狐狸、小狗等角色的对话。

（三）大班

大班幼儿随着经验的增长，理解能力也逐步提高，由具体形象思维向抽象逻辑思维发展，从无意注意向有意注意发展，句法结构也逐步复杂。大班文学活动可以采用以下指导策略。

1. 导入环节。可采用“结合已有生活经验进行谈话”“猜想”“情境表演”等形式，为学习文学作品做好铺垫。如在散文诗《落叶》的学习活动中，教师以“秋天来了，秋风吹落了树叶，请小朋友想想树叶会落到哪里、树叶像什么”导入，引导幼儿结合自己的生活经验大胆想象并表达；如在故事《聪明的乌龟》的学习活动中，教师直接以故事开头引发幼儿的猜想，激发幼儿倾听的兴趣。

2. 欣赏文学作品环节。大班的文学作品较小、中班来说，内容更丰富，文学语言有所增加。因此在欣赏环节，第一遍，教师可有感情地朗诵，引导幼儿倾听；第二遍，可通过演示针对重难点制作的课件帮助幼儿形象地感知。如对于诗歌《风在哪里?》后半段内容的学习，教师可根据一年四季的不同情境，选择生动形象的图片进行演示，帮助幼儿更好地理解作品的内容。

3. 理解文学作品环节。大班幼儿已有了较多的倾听经验，能较完整地表述出作品内容。教师可将作品中重要的内容用图示进行梳理，并引导幼儿两两自主讨论难点，大胆表达自己对文学作品的理解。如故事《聪明的乌龟》的学习活动中，教师设计了“这是一只什么样的乌龟”“故事里还有什么地方可以看出乌龟很聪明”等问题，让幼儿结合图片相互交流，从而帮助幼儿理解故事内容。

4. 创造性表现环节。教师可通过多种形式的表演，突出主要情节，将幼儿对作品的理解推向高潮。如故事《聪明的乌龟》的学习活动中，教师将故事的开头和前面的情节以旁白的形式简要带过，活动重点落在乌龟和狐狸的对话情节上，然后请幼儿完整演绎故事。幼儿在情境表演中，通过角色的扮演与互动，对故事有了更深刻的理解，无论是情感认知还是语言发展都有了很大的提高。此外，轮流诵读或分角色讲述等形式，也能有效促进大班幼儿的合作表达能力的提高。

第二节　幼儿园文学活动设计

晒　太　阳（小班）

设计者：陈　健

活动目标

✲理解儿歌内容，能大声朗读儿歌。

✲初步学会分小组朗读儿歌。

✲喜欢参加儿歌朗诵活动，体验冬天晒太阳的温暖的感觉。

活动准备

∵物质准备：《晒太阳》梳理图示，背景音乐，播放器。

∵环境创设：带领幼儿到户外有阳光照射的草地上围坐下来。

活动过程

一、谈话引入，激发幼儿参加活动的兴趣。

教师：今天的天气怎么样？太阳晒在身上有什么感觉？

二、引导幼儿欣赏儿歌，自主感知、理解儿歌内容，感受儿歌有趣的意境。

1. 朗诵儿歌，引导幼儿初步感受儿歌内容。

教师：儿歌的题目是什么？儿歌里讲了什么？

2. 配乐朗诵，引导幼儿带着问题倾听。

教师：儿歌里的小朋友晒太阳都晒了身体的哪些地方？感觉是怎样的？请你们再认真听一听。

3. 出示《晒太阳》梳理图示，再次朗诵儿歌。

4. 集中交流，师幼共同梳理、理解儿歌内容。

教师：你听到什么？看到什么？

三、多种方式朗诵儿歌，进一步体验和表现儿歌的有趣。

1. 集体看梳理图示朗诵儿歌，丰富词语“暖和”。

教师：让我们一起边念儿歌边晒太阳吧！

2. 引导幼儿分小组朗诵儿歌，鼓励幼儿大胆表演儿歌。

3. 集体配乐朗诵。

四、结束活动。

教师：冬天里除了晒太阳，还有哪些方法会让我们暖和起来呢？

活动资料

晒　太　阳

小朋友，晒太阳，
晒晒头，暖和了，
晒晒手，暖和了，
晒晒脚，暖和了，
冬天晒太阳，
全身暖和了。

小　蜡　笔（小班）

设计者：刘碧丹

活动目标

- 理解儿歌内容，学习有表情地朗诵儿歌。
- 发准“红”“黄”“阳”“花儿”等字音。
- 喜欢跟读儿歌，感受儿歌的童趣。

活动准备

- 经验准备：幼儿认识、使用过蜡笔。
- 物质准备：方纸盒（里面放有各种颜色的蜡笔），一张用蜡笔画的画，儿歌梳理图示，响板一个，蜡笔娃娃立体玩具一个，幼儿人手一套蜡笔、一张涂染画纸。

活动过程

一、以“猜猜看”的形式引入，激发幼儿学儿歌的兴趣。

1. 引导语。

教师（出示方纸盒）：这里藏了一些五颜六色的东西，红黄蓝绿真美丽，身体就像小蜡烛，画出的画儿真好看。小朋友猜猜盒子里藏的东西是什么。

2. 幼儿讨论，自由猜想。

3. 揭开谜底，出示蜡笔。

二、引导幼儿欣赏儿歌，感受、理解儿歌的内容。

1. 出示蜡笔画，引出话题“我和蜡笔交朋友”。

教师：蜡笔会变戏法，看看它画出了什么，今天我们要和蜡笔交朋友。

2. 引导幼儿在涂染画纸上用蜡笔作画，体验游戏“我和蜡笔交朋友”的乐趣。

（1）幼儿自由涂染，感受图案的变化。

（2）师幼共同交流。

教师：你用了什么颜色的蜡笔？画了什么？

3. 引导幼儿带着问题欣赏儿歌，感知、理解儿歌内容。

教师（出示蜡笔娃娃）：我是蜡笔娃娃，我有一首好听的儿歌，请你们仔细听，听听儿歌的题目叫什么、儿歌里说了什么。

（1）有表情地朗诵儿歌，帮助幼儿初步感知儿歌内容。

（2）结合儿歌梳理图示朗诵儿歌，帮助幼儿进一步熟悉儿歌内容。

教师：不同颜色的蜡笔画出了什么？

三、多形式支持幼儿学习儿歌，引导幼儿进一步理解儿歌内容并表现儿歌的童趣。

1. 幼儿尝试看儿歌梳理图示朗诵儿歌，感受“花儿对着太阳笑，夸我是个小画家”的童趣。

2. 师幼看儿歌梳理图示完整朗诵儿歌。

（1）操作响板伴奏，引导幼儿学习较连贯、有表情地朗诵儿歌。

（2）提醒幼儿注意发准“红”“黄”“阳”“花儿”的音。

3. 幼儿分角色朗诵儿歌，尝试表现儿歌的童趣。

四、结束活动。

教师（出示蜡笔娃娃）：彩色蜡笔还能画什么呢？小朋友可以用自己喜欢的颜色的蜡笔到区域里画一画。

活动资料

小　蜡　笔

小蜡笔，多美丽。
我用蜡笔画图画。
红蜡笔，画太阳，
黄蜡笔，画朵花，
花儿对着太阳笑，
夸我是个小画家。

滑　滑　梯（小班）

设计者：刘　琴

活动目标

✲理解儿歌内容，学习有表情地朗诵儿歌。

✲能用不同语速大胆表现滑滑梯时的情境。

✲喜欢朗诵儿歌，愿意与同伴交流滑滑梯时快乐的感受。

活动准备

∵经验准备：幼儿有爬山和滑滑梯的经验。

∵物质准备：巧虎玩偶，《滑滑梯》挂图，《滑滑梯》梳理图示，滑梯图片，背景音乐，播放器。

活动过程

一、出示巧虎玩偶导入，激发幼儿参与活动的兴趣。

1. 以巧虎的口吻导入。

教师：小朋友们好，我是巧虎。今天我要带你们去玩一个有趣的玩具，你们想知道是什么吗？

2. 出示滑梯图片，鼓励幼儿大胆交流滑滑梯时的感受。

（1）提问。

教师：瞧，这是什么？滑滑梯的时候你们的心情怎么样？平时你们是怎样滑滑梯的？

（2）集体交流，教师引导幼儿结合自己平时滑滑梯的经验大胆交流。

二、结合挂图欣赏儿歌，初步感知儿歌的内容。

1. 引导语。

教师：大家都喜欢滑滑梯，今天教师带来了一首有关滑滑梯的儿歌，我们一起来听听儿歌里说了什么吧。

2. 边操作挂图边有表情地朗诵儿歌。

教师：儿歌的题目叫什么？儿歌里的小朋友是怎样滑滑梯的？

3. 调动幼儿已有经验，帮助幼儿理解词语“你先我后”。

（1）引导幼儿相互讨论。

教师：什么是你先我后？如果没有你先我后，大家都在你推我挤，会发生什么危险？除了滑滑梯，还有什么时候也要你先我后？

（2）引导幼儿在集体生活中做事有序、礼让，注意保护自己的安全。

三、配乐边做动作边朗诵儿歌，引导幼儿感受儿歌里的快乐情绪。

1. 提问。

教师：滑梯真好玩，儿歌里介绍了滑滑梯时的什么感觉呢？

2. 边做动作边朗诵儿歌，帮助幼儿感受儿歌语言的丰富和优美，引导幼儿分享滑滑梯的乐趣。

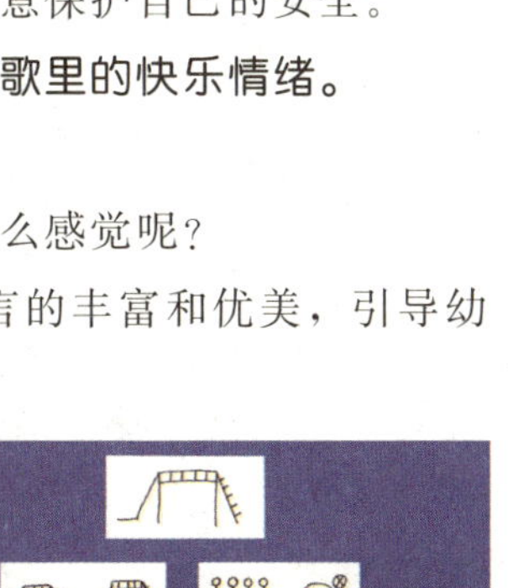

3. 师幼集体讨论。

教师：上滑梯时像什么？是怎样爬的？下滑梯时好像坐着什么？什么感觉？

4. 结合诗歌梳理图示，帮助幼儿理解儿歌的内容。

5. 鼓励幼儿用动作、不同的语速大胆表

现滑滑梯的乐趣，重点帮助幼儿理解“爬高山”和“坐飞机”两种情境的不同感受。

教师：爬高山是什么样的感觉？（很累，慢慢爬。）“呼的一声飞到地”说明下滑梯的速度怎么样？我们可以怎么表现？

四、多形式支持幼儿学习儿歌，帮助幼儿进一步感受、理解儿歌内容，大胆表现儿歌的情趣。

1. 引导幼儿尝试看图示念儿歌，进一步熟悉儿歌内容。

2. 引导幼儿看挂图有表情地朗诵儿歌，鼓励幼儿用不同的语速表现滑滑梯的乐趣。

3. 师幼共同完整朗诵儿歌，教师鼓励幼儿配上动作有表情地大胆表现滑滑梯的情境。

五、引发幼儿创编儿歌的兴趣。

教师：幼儿园里还有很多好玩的玩具，我们一起去找一找、玩一玩，也把它们编成一首好听的儿歌，好吗？

活动资料

滑 滑 梯

滑滑梯，滑滑梯，你先我后别着急。
上去好像爬高山，爬了一级又一级。
下来好像坐飞机，呼的一声飞到地。

小 雨 点（中班）

设计者：张　岚

活动目标

✲能理解儿歌内容，感受儿歌的意境。

✲喜欢朗诵诗歌，并创造性地仿编。

活动准备

∴经验准备：幼儿已有有关春天的经验，观察过下雨时的自然情境，初步了解了春雨与动植物间的关系。

∴物质准备：《小雨点》挂图及梳理图示，背景音乐，播放器等。

∴环境创设：创设花园、池塘、田野下雨的情境。

活动过程

一、设疑引题，引导幼儿结合已有的生活经验讲述。

1. 提问。

教师：春天来了，下雨了！小雨点落到哪里了？请小朋友想想、说说谁最喜欢小雨点，为什么。

2. 引导幼儿结合自己的生活经验大胆猜测并表达。

二、引导幼儿自主了解诗歌内容，初步感受小雨点带来的雨中情趣。

1. 有表情地朗诵，引导幼儿闭眼倾听，初步感受诗歌意境。

教师：儿歌里说了什么？

2. 幼儿在创设的情境中观察，教师配乐朗诵。

教师：请小朋友走到“花园”“池塘”“田野”边，看看小雨点落在了什么地方。

3. 出示挂图，朗诵儿歌，重点引导幼儿通过观察图片理解动词。

教师：谁喜欢小雨点，它们怎样了？

4. 集中交流，师幼共同梳理诗歌内容。

（1）提问。

教师：刚才你听到什么？看到什么？

（2）幼儿两两交流，教师重点观察和了解幼儿对小雨点落在哪里、谁怎样了是否理解。

（3）用《小雨点》梳理图示帮助幼儿理解诗歌内容，用动作表演帮助幼儿理解词语“张”“摇”“拔”。

三、多形式学习诗歌，大胆表现。

1. 师幼共同念诗歌。

2. 师幼讨论，丰富词语“乐”。

教师：你怎么知道花儿、鱼儿、苗儿喜欢小雨点？为什么它们喜欢小雨点？

3. 幼儿朗诵诗歌，教师重点帮助幼儿分析诗歌中雨点、花儿、鱼儿、苗儿的角色特点。

4. 幼儿按照自己的理解大胆地一边念诗歌一边用动作表现。

四、提出仿编诗歌的要求，引发幼儿的想象并结束活动。

教师：小雨点，沙沙沙，它还会落在哪里？谁会乐得怎么样呢？活动结束后小朋友可继续编一段好听的诗歌。

活动资料

小 雨 点

小雨点，沙沙沙，落在花园里，花儿乐得张嘴巴。
小雨点，沙沙沙，落在池塘里，鱼儿乐得摇尾巴。
小雨点，沙沙沙，落在田野里，苗儿乐得向上拔。

春天是一本书（中班）

设计者：郑凌彬

活动目标

✲能在理解的基础上朗诵诗歌，并能运用恰当的语言、动作、表情表现对诗歌的理解。

✲喜欢欣赏诗歌，感受并体验诗歌的美，萌发对春天的热爱和向往。

活动准备

∵经验准备：幼儿在户外寻找过春天。

∵物质准备：《春天是一本书》图书式挂图，幼儿自制的有关《春天是一本书》的道具，背景音乐，雷声、雨声、鸟叫声、青蛙叫声的录音，播放器。

∵环境创设：师幼共同创设春天的场景（在活动室中布置迎春花、桃花、柳叶、小池塘、闪电、雨、燕子、青蛙等实物或图片）。

活动过程

一、以“找春天”引题，引导幼儿到“春天”的场景中看看、说说，激发幼儿参与活动的兴趣。

1. 教师：春天真美！我们一起找一找春天在哪里，并和旁边的小朋友说说你找到的春天是什么样的。

2. 用简单图示梳理幼儿对春天的认识。

二、引导幼儿初步感知、理解诗歌的内容，感受诗歌的意境美。

1. 有感情地完整朗诵诗歌，要求幼儿闭上眼睛完整欣赏、想象画面。

教师：这首诗歌的题目叫什么？诗歌里有几本书？

2. 结合图书式挂图引导幼儿完整欣赏诗歌，初步理解诗歌的内容。

教师：你最喜欢哪本书？这本书里有什么？

3. 引导幼儿结合图书式挂图分段理解诗歌，进一步理解诗歌中“书”的含义。

（1）重点理解诗歌的色彩美。

教师：“彩色的书”里有什么颜色？这么多颜色可以用什么词来说？

（2）重点理解诗歌的动感美。

教师：“会笑的书”里谁在笑？怎么笑？小池塘的酒窝是怎样的？春天还有什么会笑？

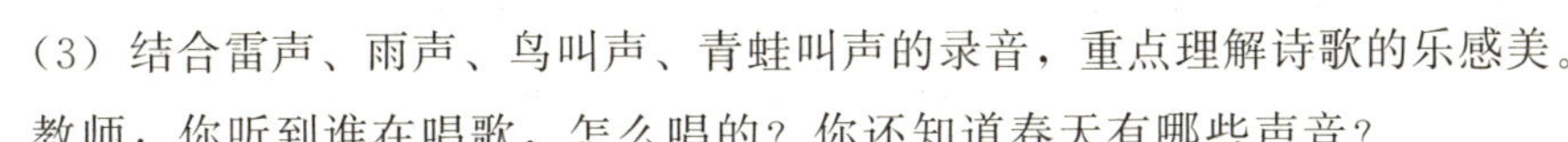

（3）结合雷声、雨声、鸟叫声、青蛙叫声的录音，重点理解诗歌的乐感美。

教师：你听到谁在唱歌，怎么唱的？你还知道春天有哪些声音？

三、配乐完整、有感情地朗诵诗歌，引导幼儿进一步感受诗歌的语言美、意境美。

教师：诗歌美吗？我们配上一段优美的音乐，一起再来欣赏一遍诗歌吧。

四、运用道具表演诗歌。

1. 引导语。

教师：我们一起来表演这首诗歌吧。我们分三组来表演“书”中的内容，看看哪本“书”最好看。

2. 第一次表演，幼儿根据诗歌内容选择道具或用动作表演。

3. 第二次表演，幼儿互换道具、互换场地进行表演。

活动延伸

★家园共育：请幼儿回家再去找春天，把找到的春天画下来，制作成书。

活动资料

春天是一本书

春天是一本彩色的书——
黄的迎春花，
红的桃花，
绿的柳叶，
白的梨花。

春天是一本会笑的书——
小池塘笑了，
酒窝圆又大；
小朋友笑了，
咧开小嘴巴。

春天是一本会唱的书——
春雷轰隆隆，
春雨滴滴答，
燕子唧唧唧，
青蛙呱呱呱。

落　叶（大班）

设计者：郭百龄

活动目标

✲理解散文诗中小动物与落叶玩耍的有趣。

✲能感受散文诗中秋天落叶的优美意境。

活动准备

∵经验准备：幼儿已经观察过“秋风扫落叶”的自然现象，初步了解了秋天与动植物间的关系；对“沟”“院子”有初步的了解。

∵物质准备：《落叶》可操作挂图，《落叶》梳理图示，背景音乐，播放器。

活动过程

一、设疑引题，引导幼儿结合自己的生活经验大胆想象并表达。

教师：秋天来了，秋风吹落了树叶，请小朋友想想树叶会落到哪里、树叶像什么。

二、引导幼儿欣赏散文诗，学习带着问题倾听，感受散文诗优美的意境。

1. 有表情地朗诵，鼓励幼儿倾听，引导幼儿初步了解、感知散文诗内容。

教师：请小朋友听听散文诗里说了些什么。

2. 配乐朗诵，引导幼儿想象散文诗中小动物与落叶玩耍的情境。

教师：小朋友们认真听听树叶落在了哪里，谁喜欢落叶，小动物把树叶当作什么。

三、鼓励幼儿相互交流，师幼共同梳理散文诗的内容。

1. 幼儿两两交流，互动学习。

教师：谁愿意来说说你听到什么、看到什么。

2. 结合挂图引导幼儿理解小动物与落叶玩耍的有趣。

教师：树叶落在哪里？小树叶和小动物们玩了什么游戏？

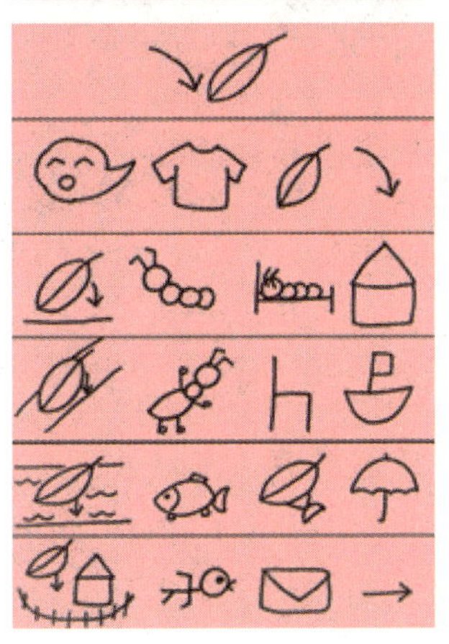

3. 运用《落叶》梳理图示，帮助幼儿进一步理解散文诗的内容。

4. 引导幼儿回忆“捉迷藏”游戏的经验，了解散文诗中“藏”的情趣。

四、引导幼儿理解散文诗的内容，感受、表现散文诗的意境。

1. 师幼共同看《落叶》梳理图示并朗诵散文诗。

2. 引导幼儿配乐表演“小树叶的舞蹈”，理解树叶飘落的姿态和美感。

3. 鼓励幼儿完整朗诵散文诗并按照自己的理解大胆表现。

五、活动结束。

教师：树叶还会落在哪里？谁还会把树叶当作什么呢？活动结束后小朋友们可以继续编一段好听的诗歌。

活动延伸

★家园共育：鼓励幼儿回家后继续观察秋天的美景，并用自己喜爱的方式表现。

活动资料

落　叶

秋风起了，天气凉了，一片片的树叶从树枝上飘落下来。

树叶落在地上，小虫爬过来，躲在里面，把它当作屋子。

树叶落在沟里，蚂蚁爬过来，坐在上面，把它当作小船。

树叶落在河里，小鱼游过来，藏在底下，把它当作小伞。

树叶落到院子里，小燕子看见了说："来信了，来信了，催我们到南方去啦！"

风在哪里？（大班）

设计者：陈巧晏

活动目标

✲理解诗歌的内容，知道风与周围环境的关系。

✲能大胆用语言和身体动作表现对诗歌的理解。

✲感受风给周围事物带来的优美意境，萌发探寻自然界奥秘的愿望。

活动准备

∵经验准备：幼儿在周围环境中感受过风，并观察过风吹过来时周围景物的变化，欣赏过四季的景物图片。

∵物质准备："风在哪里？"课件（春、夏、秋、冬的图片），《风在哪里？》梳理图示。

活动过程

一、谈话引题，初步感知风。

1. 引导语。

教师：小朋友们，冬天到了，冬天的风吹来什么感觉呀？你看到风了吗？风在哪里，你怎么知道的？

2. 鼓励幼儿结合日常生活经验大胆表达。

二、引导幼儿欣赏、理解诗歌内容，感受风带来的优美意境。

1. 朗诵诗歌，引导幼儿初步感受诗歌的内容。

教师：老师给小朋友带来了一首好听的诗歌，认真听一听诗歌的题目叫什么、诗歌里都有谁。

2. 朗诵诗歌，引导幼儿闭上眼睛欣赏，继续感受诗歌的优美意境。

教师：听听风在哪里，风吹过的地方美吗？是什么样的？

3. 有感情地朗诵诗歌两遍，引导幼儿用动作表演等形式进一步感知风与景物的关系。

（1）朗读第一遍，引导幼儿讨论，理解词语"翩翩起舞""频频点头""轻轻晃动"，并尝试用动作表演。

教师：为什么枝叶会翩翩起舞？为什么花朵会频频点头？为什么草儿会轻轻晃动？

（2）朗读第二遍，引导幼儿进一步讨论。

教师：诗歌里的风给春、夏、秋、冬带来了什么变化？

三、学习朗诵诗歌，大胆表现对诗歌的理解。

1. 幼儿观看《风在哪里？》梳理图示，初步学习朗诵诗歌。

2. 出示“风在哪里？”课件，结合图片引导幼儿理解风与四季的关系。

教师：为什么诗歌里说“春天，它吹绿了大地；夏天，它送来了凉爽；秋天，它飘来了果香；冬天，它带来了银装”？

3. 幼儿多种形式朗诵诗歌，充分地感受、表现诗歌的意境。

（1）幼儿两两朗诵，用动作表现诗歌内容。

（2）幼儿分角色朗诵，尝试合作表现诗歌内容。

（3）集体朗诵，大胆表现诗歌内容。

（4）结合课件完整朗诵诗歌。

四、结束活动。

教师：风就在我们身边，它还会吹过什么地方？会带来什么变化？请小朋友回家后继续编一段好听的诗歌。

活动资料

风在哪里？

风在哪里？树儿说：当我的枝叶翩翩起舞，那是风在吹过。
风在哪里？花儿说：当我的花朵频频点头，那是风在吹过。
风在哪里？草儿说：当我的身体轻轻晃动，那是风在吹过。
风在哪里？风就在我们身边。
春天，它吹绿了大地；夏天，它送来了凉爽；
秋天，它飘来了果香；冬天，它带来了银装。

月　亮　树（小班）

设计者：庄　婷

活动目标

✲理解故事主要内容，感知动物与月亮玩耍的意境。

✽能运用已有经验大胆想象并表达自己的想法。

✽喜欢和同伴一起听故事，感受故事中月亮的有趣变化。

活动准备

∵经验准备：幼儿初步感知过月亮的变化，对生活中圆圆的、弯弯的、细细的、扁扁的物品有一定的认识。

∵物质准备：课件“会变的月亮”，不同形状月亮的图片。

∵环境创设：布置小河、饼干桌、梳妆台、灯笼架等场景。

活动过程

一、播放课件“会变的月亮”，引导幼儿观察，并自由表达。

教师：天黑啦，月亮姐姐出来了，看看月亮姐姐是什么样的。

二、引导幼儿分段欣赏故事，初步感知故事的内容。

1. 引导幼儿结合情境欣赏故事第一部分。

（1）讲述故事的第一部分。

教师：小熊很喜欢月亮，它在地里种了一个月亮。许多天过去了，地里长出了一棵月亮树，树上结出了许许多多的月亮。

（2）引导幼儿互动交流，鼓励幼儿大胆猜想与表达。

教师：你们猜猜月亮树上会结出什么样的月亮呢，和旁边小朋友说一说。

2. 讲述故事的第二部分。

教师：小熊的好朋友要来摘月亮，听听看是谁来了。它摘了什么样的月亮？

三、完整讲述故事，帮助幼儿进一步理解故事的内容。

1. 引导幼儿通过表演动作理解“戴”“提”“咬”等动词。

教师：小动物们把月亮当成了什么？请你们用动作表演一下吧。

2. 幼儿扮演角色，结合情境自由体验故事中小动物与月亮玩耍的意境。

（1）引导语。

教师：你愿意像小动物一样去和月亮玩一玩吗？

（2）幼儿在教师创设的环境中自由体验。

3. 集中交流。

教师：你扮演谁？你是怎么玩的？

四、结束活动。

教师：回家后小朋友们可以在夜晚继续观察月亮的变化，在家中与爸爸妈妈一起编故事。

活动资料

月　亮　树

小熊在地里种下了一个月亮。

一天又一天过去了，地里长出了一棵月亮树，树上结出了许许多多的月亮。

小松鼠摘下一个细细的月亮戴在头上。

“看，多漂亮的头箍呀！”

小老鼠摘下一个弯弯的月亮放在河面上。

“哈哈，我们的小船真神气！”

萤火虫摘下一个圆圆的月亮提在手里。

“灯笼亮晶晶，我们最喜欢了！”

小猴子摘下一个扁扁的月亮咬了一口。

“哇，这是什么呀？”

小熊想了想：“就叫它月饼吧，我们请大家一起来吃吧。”

还剩下最后一个月亮了，用来做什么呢？

小熊想了又想，最后把月亮挂在了高高的天上。

大家一边吃月饼，一边看月亮，真开心。

半　个　蛋　壳（小班）

设计者：涂超蓝

活动目标

✻能理解故事的内容，感受故事中半个蛋壳的有趣变化。

✻学说“我把半个蛋壳当成××”，创造性地表现自己的想法。

活动准备

∵经验准备：幼儿认识鸡蛋壳，知道蛋壳的外形特征；对周围的日常物品积累了一定的经验。

∵物质准备：半个鸡蛋壳，《半个蛋壳》挂图，故事梳理图示，幼儿人手一张半个蛋壳图片。

活动过程

一、出示半个鸡蛋壳，引导幼儿大胆想象。

教师：这是什么？小老鼠皮皮捡到了半个蛋壳，你们想不想知道皮皮把半个蛋壳当成了什么？

二、有表情地讲述故事，引导幼儿初步熟悉故事的内容。

教师：故事的名字叫什么？故事中有谁？

三、结合挂图讲述故事，引导幼儿进一步理解故事的内容。

教师：皮皮到了哪些地方？

四、结合挂图、配上动作讲述故事，帮助幼儿感受故事中“半个蛋壳”的有趣变化。

1. 引导幼儿互动交流。

（1）引导语。

教师：小老鼠皮皮把半个蛋壳当成了什么？请你和小朋友们说一说。

（2）重点观察、了解幼儿对故事理解的程度及遇到的困难。

2. 通过故事梳理图示帮助幼儿梳理故事情节。

（1）提问。

教师：小老鼠皮皮在草地上捡到什么？它把半个蛋壳当成了什么？在小河边，皮皮把半个蛋壳当成了什么？在山坡上，皮皮把半个蛋壳当成了什么？回家后，皮皮把半个蛋壳当成了什么？

（2）结合故事梳理图示帮助幼儿理解故事的内容，并引导幼儿学习句子“皮皮把半个蛋壳当成××”。

3. 师幼共同完整讲述故事。

4. 小结。

教师：皮皮遇到困难很会动脑筋，把蛋壳当成各种有用的东西，它真是一只聪明的小老鼠。

五、引导幼儿学说“我把半个蛋壳当成××”，进一步想象“半个蛋壳”的有趣变化。

1. 鼓励幼儿说完整句“我把半个蛋壳当成××”。

教师：半个蛋壳真有趣，我们也和皮皮一起去草地上找半个蛋壳吧。小朋友们开动脑筋想想，半个蛋壳还能当成什么呢。想好后和身边的小伙伴说一说“我把半个蛋壳当成××”。

2. 幼儿互动交流。

3. 幼儿结合已有经验想象并在集体中表达。

六、以幼儿出去游戏的方式，自然结束活动。

教师：让我们带上蛋壳去跟其他小朋友一起做游戏吧。

活动资料

半个蛋壳

小老鼠皮皮在草地上玩，忽然它发现半个白色的蛋壳，心里十分高兴。

皮皮把蛋壳顶在头上，哈，可以拿来当蛋壳帽子！旅行起来不怕太阳晒，也不怕下大雨。

一条小河挡住了去路，没有桥，也没有船，怎么办？皮皮一下子想到了头上的蛋壳，取下来放进河里。蛋壳轻飘飘，一艘小船起锚开动了。

划着蛋壳船，皮皮渡过河，面前一座小山坡，上山好累，下山怎么办？坐上蛋壳车，滑下高山坡，皮皮心里真快活。

回到自己的小屋，蛋壳拿来当椅子坐，轻轻地，轻轻地，千万别碰破！一不小心跌一跤，摔碎了半个鸡蛋壳！

小老鼠皮皮出发了，再找半个蛋壳壳……

图一

图二

图三

图四

灰灰先生（中班）

设计者：章荣珊

活动目标

✻理解故事的内容，能用较连贯、完整的语句描述清洁的过程。

✻喜欢听故事，感受故事情节的滑稽、有趣。

✻懂得要爱清洁、讲卫生。

活动准备

∵经验准备：幼儿了解生活中的一些保洁工具如吸尘器、洗衣机的清洁过程。

∵物质准备：《灰灰先生》挂图，故事梳理图示，背景音乐，播放器。

活动过程

一、以“灰灰先生”引题，激发幼儿参与活动的兴趣。

1. 引导语。

教师：今天，来了一位客人，名字叫灰灰先生。大家知道他为什么叫灰灰先生吗？

2. 出示《灰灰先生》图一提问，引导幼儿描述。

教师：看看他是什么样子的？

二、有表情地讲述故事，引导幼儿初步了解故事的内容。

1. 引导语。

教师：我们一起来听听和灰灰先生有关的故事。仔细听听，故事的题目叫什么？故事里说了些什么？

2. 幼儿倾听并大胆表达对故事的初步感知。

三、结合挂图完整讲述故事，引导幼儿理解故事的主要情节。

1. 引导幼儿认真观察图一中灰灰先生的家。

教师：灰灰先生的家是什么样子的？

2. 引导幼儿两两交流如何帮助灰灰先生。

教师：灰灰先生想请朋友来家里玩，可是家里太脏了，怎么办？你有什么好办法？

3. 结合挂图再次完整讲述故事。

教师：灰灰先生请了谁来帮忙？它们是怎么做的？

四、用图示梳理，有针对性地帮助幼儿进一步理解故事的内容。

1. 师幼共同梳理故事情节，教师以动作、表演等形式引导幼儿分段感受故事情节的诙谐、有趣。

（1）教师扮演吸尘器，幼儿扮演灰灰先生。教师引导幼儿通过动作、语言等表现灰灰先生被吸尘器吸进去后紧张的心情，感受故事情节的诙谐、有趣。

教师：吸尘器清理了什么？为什么灰灰先生也被吸尘器吸进去了？灰灰先生被吸尘器吸进去后心情怎么样？他会做什么、说什么？

（2）师幼结合图示梳理洗衣机清洁的过程，丰富词语“干干净净”“亮堂堂”。

教师：洗衣机是怎么做的？洗衣机里送出来什么样的袜子、衣服和枕头？现在，灰灰先生的家变得怎么样了？

2. 引导幼儿结合自身经验，跟着音乐自由体验洗澡，感受灰灰变干净的乐趣，丰富词语“香喷喷”。

教师：现在灰灰先生是什么样的？他会怎么做？我们一起来像灰灰先生一样洗洗澡吧！

五、讨论给灰灰先生取新的名字，引导幼儿懂得要爱干净、讲卫生。

1. 引导幼儿给灰灰先生重新取名字。

教师：灰灰先生现在已经变干净了，我们还能叫他灰灰先生吗？我们来帮他改个名字吧！

2. 集中交流，引导幼儿思考如何爱干净、讲卫生。

教师：平时，我们怎么做个爱干净、讲卫生的好孩子呢？

3. 小结。

教师：不管是在家里还是在幼儿园里，我们都要爱清洁，要经常洗头、洗澡，做个爱干净、讲卫生的好孩子。

活动延伸

★区域活动：在语言区投放故事《灰灰先生》的图片与道具，请幼儿自由讲述故事与表演故事。

★家园共育：请幼儿在家时与家长一起打扫屋子，体验清洁的乐趣。

活动资料

灰灰先生

有一个人，名字叫灰灰先生。一提到他的名字，人们就会想到他浑身上下都是灰。大家都不愿意到灰灰先生家去做客，因为他的家真脏。

灰灰先生想请朋友来玩，就买了台吸尘器。他对吸尘器说："请你把我屋里的脏东西全部弄掉吧！"嘟嘟嘟，嘟嘟嘟，吸尘器把地上的灰尘吸进去了。嘟嘟嘟，嘟嘟嘟，包装袋、苹果核、糖纸都被吸进去了。嘟嘟嘟，嘟嘟嘟，糟糕！灰灰先生也被吸进去了。灰灰先生在吸尘器里伸出一只手，大声叫着："我不是脏东西，我是灰灰，请把我放出来！"这个时候，灰灰先生家的洗衣机听见了，高兴地说："我已经好久没事干了，这下也让我干点活吧！"灰灰先生就把袜子、衣服、枕头放到洗衣机里，一会儿，洗衣机送出来干干净净的枕头、衣服和袜子。灰灰先生的屋子变得亮堂堂。

灰灰先生再看看自己，从头到脚还都是灰。他"唰"地冲进浴室从头到脚洗了个遍。不一会儿，浴室就送出一个干干净净、香喷喷的灰灰先生。大家都说："灰灰先生要改名字了呀！"

图一

图二

小猪和靴子（中班）

设计者：郑凌彬

活动目标

✲理解故事的内容，愿意学说对话。

✲能用恰当的动作表现对"戴""捧"等动词的理解。

✲体验故事的有趣和乐于助人的情感。

活动准备

✣物质准备：《小猪和靴子》活动式挂图，小猪、八哥、狐狸、小花狗、小熊等图片，红靴子一只，对话梳理图示，背景音乐，播放器。

活动过程

一、讲述故事的第一段，引导幼儿根据已有经验大胆猜想、清楚表达自己的看法。

1. 出示红靴子，讲述故事的第一段。

教师：小朋友们，今天小猪在树林里捡到了一个宝贝，快来看看它是什么。

2. 鼓励幼儿大胆猜想。

教师：这个红红的东西是什么呢？

二、完整讲述故事，引导幼儿初步感知故事，感受故事的有趣。

1. 幼儿带着问题倾听故事。

教师：小猪捡到的到底是什么呢？让我们一起听听下面的故事。请你们仔细听听故事的题目叫什么、故事中有谁、发生了一件什么事。

2. 运用小猪、八哥、狐狸、小花狗、小熊等图片梳理故事的角色。

三、操作活动式挂图讲述故事，引导幼儿熟悉故事中动物的对话。

1. 提问，引导幼儿回忆故事内容。

教师：故事中的动物都说了什么？

2. 集中交流，师幼共同梳理、理解故事内容。

（1）幼儿两两互动交流，教师重点观察、了解幼儿对故事理解的程度及遇到的困难。

（2）用图示梳理的方法有针对性地帮助幼儿理解故事内容，重点帮助幼儿学说对话，理解动词“戴”“捧”。

（3）运用对话图示梳理小动物之间的对话内容。

（4）师幼共同讨论。

教师：小动物们分别把红红的东西说成了什么？为什么？

（5）通过动作表演戴帽子、捧瓶子，帮助幼儿理解“戴”“捧”的意思。

四、看挂图分段讲述，帮助幼儿进一步理解故事内容并大胆表现。

1. 结合挂图分段讲述故事，引导幼儿看对话图示学说对话。

2. 幼儿分组扮演角色，表演故事。

(1) 引导语。

教师：这个故事真有趣，你们想不想来表演？

(2) 幼儿分为五组，一组幼儿扮演小猪，其他组幼儿分别扮演故事中的其他角色，并尝试用故事中的对话来表演。

3. 引导幼儿要乐于助人。

教师：你喜欢小猪吗？为什么？你丢过东西吗？心情怎么样？我们捡到东西要怎么做？

活动资料

小猪和靴子

清晨，小猪到树林去玩。忽然，他发现树边有一样红红的东西，口小底大，摸上去很滑："咦，这是什么？好像是个皮袋子，是谁丢的呢？"

小猪手里拿着这东西，嘴里叫着："谁丢了袋子，谁丢了袋子？"

树上的八哥听见了，"叽叽喳喳"地说："小猪，这不是袋子，是一顶漂亮的红帽子呀！"

"噢，不是袋子是帽子。"小猪连忙戴在头上，一边走一边叫："谁丢了帽子，谁丢了帽子？"

狐狸看见了，嘻嘻地笑起来："小猪，这不是帽子，是一只好看的瓶子呀！"

"嗯，这瓶子真不错。"小猪采了许多美丽的野花放进瓶子里。"谁丢了瓶子？"小猪捧着瓶子走一步，叫一声。

这时候，来了一只小花狗。他知道了这事，对小猪说："没人丢，没人领，就送给生病的小熊吧！"

小猪和小花狗来到了小熊家，把这个没人领的瓶子和花送给小熊。小熊一看，高兴地跳起来："哇，这不是瓶子，是我心爱的红靴子呀！"小熊乐得病也好了，三个好朋友嘻嘻哈哈，庆祝红靴子找到了主人，回到了家。

小乌龟开商店（中班）

设计者：林嘉颖

活动目标

✲能理解故事内容，学习用较生动的语言讲述角色对话。

✲喜欢听故事，感受动物用自己的特长做事的快乐心情。

活动准备

✣经验准备：幼儿了解有关商店的相关知识以及大象等动物的外形特征与习性。

✣物质准备：《小乌龟开商店》挂图，故事梳理图示，乌龟、大象、河马、袋鼠头饰。

活动过程

一、谈话引题，激发幼儿参与活动的兴趣。

1. 引导幼儿回忆商店购物的经验。

教师：小朋友，你和爸爸妈妈去商店买过东西吗？你们去过什么店买东西？

2. 鼓励幼儿根据已有生活经验大胆讲述自己购物的经历。

二、讲述故事，引导幼儿初步了解故事的内容。

1. 生动地讲述故事，引导幼儿带着问题倾听故事。

教师：故事的题目叫什么？故事里有谁？它们做了什么事？

2. 结合挂图讲述故事。

教师：动物们开了什么店？它们说了什么？

3. 集中交流，师幼共同梳理故事主要情节，教师重点帮助幼儿理解故事的内容。

（1）幼儿两两互动交流。

教师：你听到什么？看到什么？

（2）用故事梳理图示有针对性地帮助幼儿理解故事内容，理解词语“浇”“吹”“装”。

三、学说故事对话，大胆表现故事内容。

1. 引导幼儿理解小乌龟的心情变化，知道每个人都可以用自己的特长来做事。

教师：小乌龟为什么很难过？后来为什么变高兴了？

2. 帮助幼儿理解词语“烤”“香喷喷”的意思。

教师：小乌龟开什么店？它是怎么烤烧饼的？

3. 幼儿分角色表演故事，教师鼓励幼儿较生动地说出角色对话并大胆表演。

教师：这个故事好听吗？我们一起来表演一下这个故事吧！

四、结束活动。

教师：森林里还有许多动物想开商店，活动后我们可以再想一想什么动物可以开什么店，把你的想法告诉老师或者同伴，好吗？

活动资料

小乌龟开商店

小乌龟想开一家商店，开什么店好呢？它问大象："大象伯伯，您开什么店呀？"大象伯伯说："我开花店，我会用长鼻子给鲜花浇水。"他问河马："河马叔叔，您开什么店呀？"河马叔叔说："我开气球店，我会用大嘴巴吹出最大的气球！"他问袋鼠："袋鼠妈妈，您开什么店呀？"袋鼠妈妈说："我开汉堡店，我会用大口袋装汉堡，走到哪里都能卖。"小乌龟听了很难过，它想："我没有长鼻子，没有大嘴巴，也没有大口袋，怎么办呢？"小乌龟想啊想，它笑了，说："哦！对呀！我开烧饼店，我可以让太阳把背上的壳烤热，再在壳上烤烧饼，烤出的烧饼香喷喷，上面还有好看的花纹，一定很好吃。"

图一

图二

图三

图四

小猪变形记（大班）

设计者：魏林彤

活动目标

✲能大体说出故事的主要内容，并会模仿动物间的对话。

✲能大胆表达自己的想法，提高自主倾听能力和对文学作品的理解能力。

✲喜欢和同伴谈论故事的相关内容，感受故事情节的有趣，知道做自己是最幸福的。

活动准备

∵经验准备：幼儿对故事中的动物的特征有一定的了解。

∵物质准备：小猪卡片，高跷、带橡皮圈的长塑料管、带橡皮圈的鸟翅膀若干（总数与幼儿人数相同），《小猪变形记》挂图，故事梳理图示。

∵环境创设：设置游戏情境——大树、花、草。

活动过程

一、开展装扮活动，引导幼儿初步感受自主装扮的乐趣。

1. 出示小猪卡片。

教师：小猪自己在家待着很没劲，就想做些好玩的事情，它想要变成其他的小动物。

2. 介绍材料，引导幼儿自主装扮小动物。

教师：老师准备了很多材料，我们一起帮小猪想想该怎么变吧。请你们选择一种材料，把自己变成一种动物，然后和旁边的小朋友说一说你变成了哪种动物、你是怎么装扮的、变完之后发生了哪些好玩的事情。

3. 幼儿自主选择一种材料装扮自己并与同伴交流，教师引导幼儿用连贯、完整的话表达。

教师：你装扮成什么动物？你是怎么装扮的？装扮成这个动物后发生了哪些好玩的事情？

二、讲述故事，引导幼儿熟悉故事内容，感受故事情节的有趣。

1. 边表演动作边讲述故事，引导幼儿带着问题倾听。

教师：小猪会装扮成什么动物？让我们一起来听听下面这个故事吧。

2. 结合挂图讲述故事，引导幼儿带着问题倾听。

教师：小猪一路上遇到了谁？它们说了什么？

三、多形式交流，以图示帮助幼儿梳理故事情节。

1. 幼儿两两交流。

教师：你听到了什么？请你和旁边的小朋友说一说。

2. 集体交流。

（1）提问。

教师：这个故事你听完后感觉怎么样？觉得哪里有趣？小猪变成其他小动物成功了吗？它的心情是什么样的？

（2）运用图示梳理故事情节，并丰富词语“闷闷不乐”。

（3）引导幼儿为故事取名字。

四、表演故事，大胆表达、表现对故事的理解。

1. 幼儿自主装扮故事中的角色。

教师：你喜欢故事里的谁，就将自己装扮成它的样子吧。

2. 师幼共同表演故事，教师重点引导幼儿根据故事情节大胆讲述角色的对话，并能将“瞪大眼睛”“一个劲儿地盯着”“闷闷不乐”的样子表现出来。

五、以讨论的方式结束活动，让幼儿知道做自己最幸福。

1. 集体讨论。

教师：小猪发现了原来做自己是最幸福、最开心的事情。动物们都有自己特别的地方，小朋友们也一样，谁来说说你自己身上有哪些优点？

2. 小结。

教师：小朋友们有的画画特别棒，有的身体非常强壮，有的会认字。我们每个人都有自己特别的地方，做自己才是最幸福和最开心的。

活动延伸

★续编故事：活动后引导幼儿继续创编故事。

★区域活动：在语言区投放故事《小猪变形记》的图片与道具，引导幼儿自由讲述故事与表演。

活动资料

小猪变形记

有一只小猪，在家待着很没劲，就决定去做一件好玩的事情。走呀走，它碰到了一只高个子的长颈鹿，正在吃树梢上的叶子。小猪瞪大眼睛，一个劲儿地盯着人家看，它想："做长颈鹿一定很刺激。"于是，回去做了一对高跷踩着出去散步了。

小猪长颈鹿走呀走，遇见了大象。它对大象说："我是一只了不起的长颈鹿，可以看见好几里远的地方。"大象哈哈大笑说："你不是长颈鹿，你是一只踩着高跷的小猪。"小猪长颈鹿听了大象的话，生气地走了，一不小心，摔了一跤，小猪说："哎，长颈鹿的生活不适合我。"

说完，小猪继续向前走，还没走出两步，它又有了好主意。它在自己的鼻子上绑了一根长长的塑料管，在两只耳朵上绑了两片大树叶，把自己变成了小猪大象，出门去了。小猪大象遇见鹦鹉，和它打招呼说："我是一只了不起的大象，我有长长的鼻子。"鹦鹉笑着说："你不是大象，你是一只鼻子上装了塑料管的小猪。"小猪刚想争辩，"阿嚏"，塑料管喷飞了，小猪说："当大象一点儿不好玩！"

不过，小猪又有了好主意。它找来羽毛和贝壳，给自己做了一对翅膀和一个大鸟嘴，拍着翅膀出门了。小猪鹦鹉遇见长颈鹿，和它打招呼说："我是一只了不起的鹦鹉，能飞得很远。"长颈鹿大笑说："你不是鹦鹉，你是一只披着羽毛的小猪。"长颈鹿刚说完，小猪闷闷不乐，一头栽进泥潭里。

小猪自己嘟囔着："真倒霉，事情都搞砸了，当小猪一点乐趣都没有。"就在这时，旁边传来一个声音："你说什么，当猪怎么没有乐趣了？我就是猪，我在泥潭里打滚，觉得很好玩啊。你快试试吧！"于是小猪也跟着滚来滚去……它滚得越多，心里就越快乐。小猪高兴地大叫："太棒啦！原来当小猪是最开心的事情呀！"

聪明的乌龟（大班）

设计者：黄如珊

活动目标

✲能理解故事的内容，初步学习乌龟和狐狸的对话。

❉能大胆表现对故事的理解，体会乌龟的心理活动。

❉感受故事中乌龟的机智和勇敢，体验乌龟机智战胜狐狸的喜悦心情。

活动准备

✣经验准备：幼儿已了解乌龟、狐狸的外形特征及生活习性。

✣物质准备：《狐狸准备捉青蛙》图片，《聪明的乌龟》视频，故事梳理图示。

活动过程

一、谈话引题，激发幼儿参加活动的兴趣。

1. 出示《狐狸准备捉青蛙》图片，引导幼儿初步感受故事发生的背景。

教师：有一天，一只狐狸饿极了，正好碰见一只青蛙，于是它想捉住这只青蛙先填填肚子。小朋友们，快想个办法救救青蛙吧。

2. 鼓励幼儿大胆表达自己的想法。

教师：小朋友们都很聪明，想了很多办法救青蛙。

二、引导幼儿带着问题欣赏故事，理解故事的内容。

1. 有表情地完整讲述故事，引导幼儿初步感知故事内容。

教师：故事的题目是什么？发生了一件什么事？

2. 播放故事视频，引导幼儿进一步理解故事内容，知道乌龟机智脱险的方法。

教师：请小朋友认真听听故事里谁救了青蛙，它救了青蛙后遇到了什么危险，它是怎样救自己的。

三、引导幼儿交流讨论，重点观察、了解幼儿对故事理解的程度及遇到的困难。

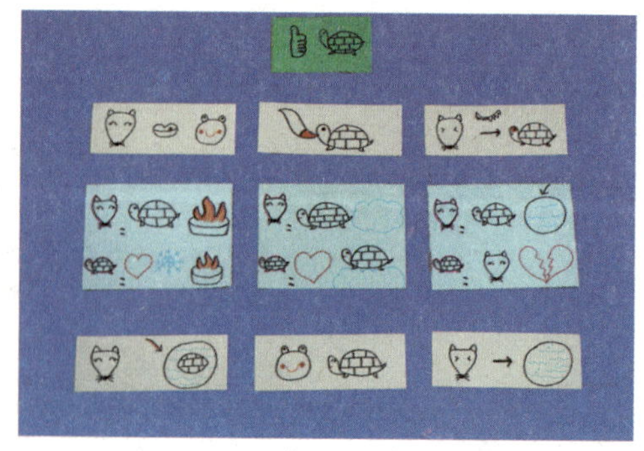

1. 师幼共同用图示梳理故事内容，教师引导幼儿熟悉故事情节，理解词语“东奔西跑”“连蹦带跳”。

教师：故事里都说了什么？我们一起来说一说。

2. 讲述狐狸与乌龟对话，重点帮助幼儿理解乌龟机智脱险的方法。

教师：狐狸与乌龟说了什么，我们再来听一听吧。

3. 幼儿互相讨论，进一步理解乌龟机智脱险的方法。

教师：乌龟最后被淹死了吗？它想了什么好办法？乌龟到底怕什么，又不怕什么呢？这是一只什么样的乌龟？故事里还有什么地方可以看出乌龟很聪明？

四、引导幼儿以角色表演的形式学习乌龟和狐狸的对话，体验乌龟机智战胜狐狸的喜悦心情。

1. 师幼共同表演，教师引导幼儿看图示讲述对话，重点帮助幼儿大胆表现乌龟的心理活动。

2. 分角色表演。

教师扮演狐狸，一部分幼儿扮演青蛙，其余幼儿扮演乌龟。

五、以谈话的形式引导幼儿联系实际，学习乌龟遇到危险时动脑筋想办法。

教师：聪明的乌龟救了自己，脱离了危险。在生活中，如果你遇到危险，比如在路上遇到坏人，你会怎么做呢？

活动资料

聪明的乌龟

一只狐狸，肚子饿得咕咕叫，它东奔西跑到处找东西吃，看见一只青蛙正在捉害虫，心里想，先拿这只青蛙当点心，填填肚子也好。

狐狸一步一步轻轻地跑过去，再跑上两步就要捉到青蛙了，可是，青蛙正在捉害虫，一点儿也不知道。这事儿让乌龟看见了，它急忙伸长脖子，一口咬住狐狸的尾巴。“哎哟，哎哟，谁咬我的尾巴？”狐狸叫了起来。

乌龟回答了吗？没有。它张嘴说话，不就是放了狐狸吗？乌龟不说话，一个劲儿地咬住狐狸的尾巴不放。青蛙听见背后狐狸在叫，就连蹦带跳地跑到池塘边，“扑通”一声跳到水里去了。

狐狸没吃到青蛙，气坏了，回过头来一看：“啊，原来是一只乌龟，我没吃到青蛙，吃乌龟也行。”乌龟可聪明了，把头一缩，便缩到硬壳里去了。狐狸没咬着它的头，就去咬它的腿，乌龟又把四条腿一缩，缩到硬壳里去。狐狸没咬着它的腿，一看，还有条小尾巴呢，就去咬它的小尾巴，乌龟再把小尾巴一缩，也缩到小硬壳里去了。狐狸实在饿慌了，就去咬乌龟的硬壳，“咯嘣，咯嘣”，咬得牙齿都发酸了，还是咬不动。

狐狸说：“乌龟，乌龟，我要把你扔到天上去，‘啪嗒’一下摔死你。”乌龟说："谢谢你，谢谢你，你扔吧，我正想到天上去玩玩呢!"

狐狸说："乌龟，乌龟，我要把你扔到火盆里去，'呼啦'一下烧死你。"乌龟说："谢谢你，谢谢你，你扔吧，我身上发冷，正想找个火盆来烤烤火呢!"

狐狸说："乌龟，乌龟，我要把你扔到池塘里去，'扑通'一下淹死你。"乌龟听到狐狸这么一说，"哇"的一声哭了："狐狸，狐狸，你行行好，千万别把我扔到池塘里去，我最怕水，掉在水里就没命了!"

狐狸才不理它呢，抓起它的硬壳，走到池塘旁边，"扑通"一声，把乌龟扔到水里去了。乌龟下了水，就伸出四条腿来，划呀，划呀，一直划到青蛙身边。两个好朋友，一边笑，一边说："狐狸，狐狸，你还想吃我们吗?"狐狸气昏了，身子一跳，向青蛙和乌龟扑去，"扑通"一声，掉到池塘里去了。青蛙和乌龟看见水面上冒了一阵子气泡，再没看见狐狸露出水面来。

第五章　幼儿园早期阅读活动指导与设计

第一节　幼儿园早期阅读活动指导

一、幼儿园早期阅读活动的含义

幼儿园早期阅读活动是指幼儿凭借变化着的色彩、图像、文字和成人形象的读讲，来理解以图为主的低幼儿童读物的语言教育活动。

二、幼儿园早期阅读活动选择图书的要求

幼儿园早期阅读活动是培养幼儿对书面语言的兴趣，提升阅读理解能力、书面表达技能的重要途径。选择图书是开展早期阅读活动的前提，教师要注意以下三个方面的要求：图书的主题应符合幼儿心理发展的需要、贴近幼儿的生活经验，题材要多样化；图书的画面应符合幼儿的审美倾向；图书中的语言应符合幼儿的口语经验。

三、幼儿园早期阅读活动的教育价值

幼儿园早期阅读活动是融观察、记忆、思维和表达等多种认知于一体的综合活动，不仅能促进幼儿前阅读、前识字、前书写能力的发展，还能提高幼儿的综合素质。3～8岁是儿童形成基本阅读能力的关键期，早期阅读是儿童成为成功阅读者的基础、成为终身学习者的开端。

四、幼儿园早期阅读活动的目标

（一）总目标

1. 喜欢看图书，对阅读感兴趣。

2. 具有初步的翻阅图书的技能。

3. 具有初步的观察、理解能力及书面表达的愿望。

4. 养成爱护图书的习惯。

（二）各年龄班目标

1. 小班

（1）对图书和阅读活动表现出兴趣，初步关注成人的阅读行为和有关读物。

（2）学习看书的正确方法，知道书应该怎么拿、怎么翻，愿意自己翻书。

（3）能给图书中的物品命名；开始辨认图书中的角色，能用语言表达图书中的重点或主要信息。

（4）能持续几分钟听别人朗读文学作品；能边翻书边看画面，并根据画面内容讲述故事；知道图画是用来代表真实事物的符号。

（5）多次听读后能简单讲述图书内容。

2. 中班

（1）喜欢且能以较快的速度翻阅图书，能通过封面辨认不同的图书。

（2）能在成人大声朗读图书后相互交流，回答针对故事内容的提问。

（3）能将口语语法和书面语语法对应，有效理解书面语言。

（4）能辨认书中角色活动的时间、场所、景物特征，将角色的活动与周围环境联系起来思考与理解。

（5）能与同伴共同阅读，在相互讲述中理解图书内容，感受共读乐趣。

3. 大班

（1）会经常主动、独立地阅读图书，爱看各种不同的图书。

（2）能恰当地将图书内容在口语表达中进行口头语和书面语风格的转换。

（3）能根据理解，尽量不是逐字逐句进行的，而是一页一页地讲述故事；了解阅读的顺序；等等。

（4）能寻找事件发生发展的原因、经过与结果，想象角色间的对话、动作和表情，较深入、正确地理解阅读内容。

（5）能对图书内容的发展进行假设和猜想；知道图书的组成部分及其功能；听到熟悉的文本或者重读自己书写过的内容时，开始有意识地辨识图文中的文字；等等。

五、 幼儿园早期阅读活动的指导策略

（一）“读”的策略

1. 教师讲读。

教师讲读，是指教师为幼儿解读、诠释图画书的内容，将阅读导向深层次的理解、体会、揣摩和认识的过程。教师的讲读会让幼儿的阅读更加便利和顺畅，他们边观察图，边听教师讲，在看图的同时听故事。此外，教师的讲读将图画书的“图文”故事转化成了“视听”故事，能激发幼儿阅读的兴趣。

教师讲读比较适用于小班幼儿。根据小班幼儿的年龄特点，小班的早期阅读以教师讲读即讲图为主。教师可选择无字书或是字数很少的图书，采用边引导幼儿观察画面边讲故事的阅读方式。如在图画书《老鼠阿姨的礼物》的阅读活动中，幼儿看到小猪的大鼻子凑到礼物盒里时，就理解成小猪想吃盒子里的东西。教师通过讲解，引导幼儿观察小猪的大鼻子，结合生活经验了解其鼻子的独特作用，让幼儿理解小猪是在用鼻子嗅礼物。

2. 师幼共读。

师幼共读，即教师带领幼儿一起阅读大图画书。在师幼共读时，教师跟着幼儿的阅读兴趣，通过有目的、少而精的提问，引导幼儿仔细观察图画书的画面、联系故事发展的情节，理解故事中的情感体验、角色冲突等，促进幼儿理解能力的提高。如在图画书《藏在哪里了?》的阅读活动中，在师幼共读大图画书时，教师边引导幼儿观察画面中小动物耳朵的形状特点，边找出躲藏着的小动物，在边玩边读中理解故事。又如在图画书《猜猜我有多爱你》的阅读活动中，教师在与幼儿共读大图画书时，引导幼儿观察“小兔子和兔妈妈是用一个什么动作表示爱的”，并思考“为什么要把手拼命地往两边张开，开到不能再开”，来体验小兔和妈妈之间的爱。

3. 幼儿自主阅读。

幼儿自主阅读，即教师为幼儿提供宽松、自然的阅读环境，让幼儿根据自己的兴趣和爱好，凭借已有认知经验，与图画书之间建立自然的感知和体验。同时，教师在幼儿自主阅读的过程中，了解、发现幼儿阅读中的困难，

为深度阅读提供依据。

小班幼儿自主阅读可采用人手一本小书、逐页翻阅的方法，主要目标是学习正确的阅读方法。小班幼儿通过自主浏览图书，能对图书中夸张的人物造型、明朗清晰的图案和鲜艳亮丽的色彩产生浓厚的兴趣，并凭借已有的认知经验与画面内容产生共鸣，激发阅读的兴趣。如在自主浏览图画书《老鼠阿姨的礼物》时，幼儿凭借对常见小动物的已有经验，发现小动物猜礼物的方法，获得积极的阅读体验，并逐渐爱上阅读。

中、大班幼儿的自主阅读形式多样，教师可根据阅读的侧重点选择不同的自主阅读方式。活动开始时，可让幼儿带着问题进行自主阅读：教师提出思考的问题，幼儿带着问题边阅读边寻找答案；教师在幼儿自主阅读的过程中了解幼儿的阅读困难和对图画书的理解程度，有针对性地提出问题。如在大班图画书《剪纸绘本·冬——雪精灵之歌》的阅读活动中，教师先请幼儿带着问题"小兔子和雪精灵是怎么相遇的""小兔子是怎样对待雪精灵的""最后怎么样了"等问题，有侧重点地进行图画书阅读。活动结束时，教师让幼儿完整地自主阅读图画书，即让幼儿自主地将图画书从头至尾地浏览一遍。如在图画书《蚂蚁和西瓜》的阅读活动中，教师在与幼儿分享阅读与交流后，给予幼儿充分的自主阅读的时间，让幼儿完整欣赏画面内容，进一步感受、体验小蚂蚁搬西瓜的生动有趣的故事情节，体验阅读的乐趣。

4. 同伴共读。

同伴共读，即幼儿带着问题，以与同伴共读的方式阅读、理解图书的某个部分内容，寻找图书中问题的答案，并与同伴交流讨论，增加幼儿阅读的乐趣。同伴共读的策略适合运用于中、大班。如在图画书《不要再笑了，裘裘！》的阅读活动中，教师与幼儿共读了故事的开始部分，故事的中间部分由幼儿带着问题"后来负鼠妈妈带裘裘到树林里练习装死，谁出现了？你们猜猜看，接下来可能发生什么事情"与同伴共读，并与同伴说一说。幼儿带着问题阅读图书，在与同伴的相互交流中寻找问题的答案。

（二）"观察"的策略

1. 指图观察。

幼儿观察图画书时，以指图的方式进行阅读，能有效避免遗漏某些主要信息。幼儿边指图边阅读，可以培养有序、细致观察图片的良好习惯。例如，幼儿在看图画书《好饿的小蛇》时发现，前后两次小蛇来到树林里，画面好像都是一样的。如果幼儿运用指图的方法进行观察，就会发现第一次的树林是有苹果树的，后来没有了，是被小蛇吃了的细节。

2. 结合课件观察。

教师通过演示课件，引导幼儿重点观察图画书中的难点和重点，有助于幼儿对作品的理解。如图画书《大卫，不可以》中大卫的各种"不可以"的行为，为什么不可以？通过教师课件的演示，幼儿有侧重点地对人物的动作、表情进行观察，就能充分理解大卫行为的不文明及后果。

3. 动态表演辅助观察。

图画书的画面是静态的，而图画书中人物的行动、心理活动和对话是动态的，需要幼儿在阅读时进行猜想和想象。动态表演的辅助，能够使幼儿的观察更具体形象。如在图画书《好饿的小蛇》的阅读活动中，通过师幼生动形象的动态表演，体验小蛇散步时扭来扭去的神态，幼儿能更深入地理解小蛇行走的方式。

（三）"交流讨论"的策略

1. 集体交流讨论。

教师引导幼儿就某一问题进行集体交流讨论，相互表达对问题的猜测、看法，有助于幼儿对作品的理解。在图画书《我的幸运一天》的阅读活动中，在师幼共读完作品后，教师提出两个开放性的问题"小猪想了几个办法对付狐狸""狐狸帮它做了哪些事"，引导幼儿集体交流讨论，将图画书中的主要情节梳理出来，了解幼儿对作品内容的理解程度。针对小、中、大班年龄段的幼儿提出的问题应遵循由简到难、由少到多的原则，教师应激发幼儿表达的兴趣，鼓励幼儿大胆表现对作品的理解，这有助于幼儿阅读理解力的提高。

2. 两两交流讨论。

两两交流讨论为幼儿提供了想说、敢说、喜欢说的互动交流平台。在有限的集体教学时间内，两两幼儿间的交流讨论能让幼儿有更多的表达机会。通过交流讨论，幼儿积极思考，思维碰撞，互相启迪，相互影响。如在图画书《母鸡萝丝去散步》的阅读活动中，教师提出了"萝丝散步的时候，狐狸始终跟在后面，萝丝知道吗？狐狸只要一扑就可以捉到萝丝，为什么它一直没有捉到？"的问题，幼儿展开了热烈的讨论，大胆表达对问题的看法。宽松的交流讨论氛围有助于幼儿仔细思考和品味作品，体验到阅读的满足和快乐。从小班起，就可以开始尝试开展两两交流讨论的形式。

（四）“体验”的策略

1. 情境游戏中体验。

喜欢游戏是幼儿的天性。教师创设与图画书有关的游戏情境，让幼儿在游戏中体验作品的内容或意境，使幼儿更容易理解、体验作品。如在图画书《藏在哪里了?》的阅读活动中，教师设置了与图画书画面相似的森林场景，以情境感知导入活动，引导幼儿在森林场景中扮演小动物玩“捉迷藏”游戏，体验小动物躲藏的有趣，学习图画书中的主要句型。

2. 操作活动中体验。

幼儿是在与环境和材料的互动中获得感知、体验并建构知识的。因此，在幼儿园早期阅读活动中，教师也应让幼儿在操作活动中理解、体验故事的主要内容。如图画书《老鼠阿姨的礼物》表现的是聪明的小动物用自己不同的感官猜测礼物而获得快乐的故事。在此阅读活动开展前，教师投放了大量材料，如音乐盒、闻香盒、神奇小摸袋、美味小吃等，让幼儿在操作活动中体验五官的作用，这有助于幼儿在阅读的过程中迁移已有经验，联想小动物五官的作用，猜测出小动物猜礼物的方式。

3. 情感互动中体验。

寻找情感的体验和心理的慰藉是儿童阅读图画书的潜在动机。幼儿设身处地地体会图画书作品中角色的行为、心理活动等，能够产生爱、亲密、安全、幸福等情感体验。因此，提供情感互动体验，有助于幼儿进一步理解作品，获得阅读的快乐。如在图画书《妈妈抱抱我》的阅读活动中，教师通过讲述不同动物妈妈用不同的亲密动作爱孩子的故事，让幼儿体会到拥抱的温馨和妈妈对孩子的爱。教师还可以开展有关爱的主题活动，例如阅读图画书《妈妈抱抱我》、亲子制作图书《我的好妈妈》、创设“我爱妈妈”照片展、让幼儿为妈妈制作小礼物等，创设幼儿与妈妈情感互动的活动，让幼儿进一步理解图画书的深层寓意：爱是可以用语言、动作表达的，表达爱是美好的。

4. 角色表演中体验。

图画书中直观、鲜明、富有个性的角色，其面貌、表情、动作、情态、服饰等能激发幼儿的想象，是幼儿再现故事的基本素材。幼儿在表演中凭借自己对作品角色的理解，栩栩如生地再现故事的情节，体验故事中角色的情感变化，在表演中获得满足和愉悦。如图画书《啊呜》，以风趣幽默的手法描写了四只可爱的小动物对黑屋里不为人知的东西的探索和想象，生动地表现出小动物对“啊呜”恐惧害怕的心理和发现“啊呜”是蛋糕后的吃惊。在该图画书的阅读活动中，教师引导幼儿边猜测边阅读，通过角色表演体验了四只小动物从害怕到勇敢的转变，彰显了友谊第一的美好情感。

第二节　幼儿园早期阅读活动设计

妈妈抱抱我（小班）

设计者：赵　葵

活动目标

✲观察图画书，了解动物妈妈对动物宝宝表达爱的方式并会用语言表达。

✲学习正确翻书的方法，提高观察力和感受力。

✲喜欢阅读图画书。

活动准备

∵经验准备：幼儿学过歌曲《世上只有妈妈好》，参观、交流过“妈妈的爱”照片展，自主浏览过图画书《妈妈抱抱我》，了解狗、鸟、鸡、大象的生活习性。

∵物质准备：《妈妈抱抱我》大图画书，幼儿人手一本《妈妈抱抱我》图画书，《世上只有妈妈好》音乐，播放器。

∵环境创设：布置“妈妈的爱”照片展，在图书角投放《妈妈抱抱我》的图画书若干。

［韩］Hemingway社　编
郑　毅　译
少年儿童出版社

活动过程

一、以歌曲《世上只有妈妈好》导入，引导幼儿感受妈妈爱孩子的情感，激发幼儿的兴趣。

教师：小朋友，你们的妈妈爱你们吗？妈

妈是怎么爱你们的？

二、引导幼儿边观察图画边听故事，熟悉故事内容。

1. 引导语。

教师：动物妈妈是怎么爱孩子的？今天我们来看一本好看的书。

2. 出示封面引导幼儿观察，引出故事题目，激发幼儿阅读兴趣。

教师：画面的小姑娘在干什么？书中的象妈妈和象宝宝在说什么？在干什么？

3. 引导幼儿边观察画面边听故事，理解温馨的故事内容。

（1）引导幼儿观察画面一*。

教师：我们一起来听听这个故事吧。一天，小姑娘来到院子里，看见狗妈妈和小狗正在睡觉，鸟妈妈也飞回了家，鸡妈妈和小鸡正在做游戏呢。

（2）引导幼儿观察画面二、画面三。

教师：小姑娘在做什么呢？小鸡呢？想一想，鸡妈妈会怎么爱小鸡呢？（鸡妈妈用翅膀抱着小鸡。）

（3）引导幼儿观察画面四、画面五，丰富词语“舔”。

教师：这是谁和妈妈在一起呢？狗妈妈是怎么爱它的孩子的？（狗妈妈用舌头轻轻舔它的孩子。）

（4）观察画面六、画面七。

（5）教师：谁在树上叽叽喳喳地叫？鸟妈妈在干什么呢？（鸟妈妈用嘴巴给小鸟挠痒痒。）

（6）引导幼儿观察画面八、画面九，用动作体验温柔抚摸的感觉，丰富词语“温柔”“抚摸”。

教师：小姑娘回到了家，在干什么呢？她看见了象妈妈是怎么爱小象的？（象妈妈用鼻子温柔地抚摸小象。）你们也来温柔地摸摸自己和身边的小伙伴吧。

（7）观察画面十、画面十一。

教师：小姑娘想起了自己的妈妈，她张开小手向妈妈跑去：“妈妈，妈妈，我也要抱抱。”妈妈一把抱起小姑娘，她们幸福地抱在一起了。

三、鼓励幼儿按顺序翻阅图画书并完整阅读，进一步理解、感受不同动物妈妈对动物宝宝表达爱的方式。

---

* 本书根据图画书中完整、独立的场景划分画面。

教师：你最喜欢什么动物妈妈爱孩子的方式？小朋友可以看看自己的图画书，一页一页地翻，仔细看看，一会儿告诉大家，好吗？

四、师幼共同梳理故事主线，梳理出动物妈妈对孩子不同的爱的方式。

教师：这个故事里有很多很多的爱，好温暖呀！动物妈妈用了哪些方式爱自己的孩子？

五、体验“爱的表达”。

1. 鼓励幼儿扮演动物妈妈和动物宝宝，用肢体动作表达爱的温暖。

教师：我们也来学学动物妈妈爱自己的孩子，好吗？两个小朋友商量一下谁当动物妈妈、谁当动物宝宝。

2. 引导幼儿体验小朋友之间的友爱，想象、讨论用不同的方式来表达友爱。

教师：小朋友之间可以怎么表达爱？请你们说一说、做一做。

3. 体验教师和小朋友之间的爱。

教师：你们爱老师吗？怎么表达对老师的爱呢？

活动延伸

★区域活动：将《妈妈抱抱我》图画书投放在阅读区中，鼓励幼儿继续阅读、寻找表达爱的不同方式。

早餐，你喜欢吃什么？（小班）

设计者：翁增云

活　动　一

活动目标

✻能认真观察画面，根据画面提示大胆猜测、理解图画书的主要内容。

✻学会逐页翻看图画书，愿意与同伴交流自己了解的动物与食物之间的关系。

活动准备

⁘经验准备：幼儿认识常见动物、食物，初步了解常见动物与食物的关系。

❖物质准备：《早餐，你喜欢吃什么?》大图画书，幼儿人手一本《早餐，你喜欢吃什么?》图画书，小狗的叫声录音，播放器，小猫、小狗、小兔、小猴、小熊、小老鼠、小羊、小牛、小马、大象、小鸡、小鸭、小鸟等胸饰（总数和班上幼儿人数相等），鱼、骨头、胡萝卜、香蕉、蜂蜜、花生、草、虫子等图片或实物（根据动物胸饰匹配对应的数量）。

早餐，你喜欢吃什么?

殷秀华　邵殷杰　文
周　翔　图
南京师范大学出版社

活动过程

一、引导幼儿回忆自己吃过的早餐，激发幼儿参与活动的兴趣。

教师：小朋友们，你们今天早上都吃过早餐了吗？你们吃了什么？

二、引导幼儿边观察画面边猜想验证，初步了解动物与食物的关系。

1. 出示图画书《早餐，你喜欢吃什么?》，引导幼儿观察封面。

教师：你们知道，动物们喜欢吃什么早餐吗？今天我们要来看一本书，名字就叫《早餐，你喜欢吃什么?》。封面上有谁？它们围着盘子想要做什么？盘子里会有什么好吃的东西呢？我们一起来看看。

2. 师幼共同观察画面，教师鼓励幼儿通过多种方式猜测、验证图画书内容。

（1）引导幼儿观察画面一中的鱼，引发猜测。

教师：这一页上你看到了什么？谁会喜欢吃呢？

（2）播放小狗的叫声录音，引导幼儿观察画面二中的骨头。

教师：现在盘子里又有什么好吃的？你觉得谁喜欢吃？我们来听听是谁的叫声。

（3）引导幼儿观察画面三中的花生，结合谜语进行猜想。

教师：盘子里又装了花生，谁喜欢吃花生？请你猜一猜“两撇小胡子，贼头又贼脑，喜欢偷油吃，就怕猫来找”，是谁呀？

3. 引导幼儿带着问题自主阅读图书，认真观察图画书中的食物与动物的关系。

（1）提出自主阅读的要求。

教师：请小朋友拿出图画书，一页一页地慢慢翻，看一看、找一找盘子里还会有什么好吃的东西，想想是谁喜欢吃的。

（2）幼儿自主阅读，教师了解幼儿的阅读情况。

（3）集体交流，教师结合课件进行分析，引导幼儿大胆表述自己看到的内容。

教师：你看到了什么好吃的东西？是谁喜欢吃的？

（4）引导幼儿重点观察画面八并猜想，感受句式“或者是……”。

教师：盘子里有什么？小草是什么样的？（丰富词语“嫩嫩的”。）谁会喜欢吃小草呢？（可能是一头牛，或者是一只羊，或者是一匹马，或者是一头大象。）

（5）观察封底画面。

教师：你们瞧大家吃完好吃的东西，它们在一起做什么？玩什么游戏呀？

三、开展游戏“我喜欢吃……”，引导幼儿扮演不同的动物选择食物，进一步感知动物与食物的关系。

1. 引导语。

教师：你们也想吃好吃的东西吗？那戴上胸饰来玩游戏吧。和你旁边的朋友说说你是什么动物、喜欢吃什么。

2. 交代游戏玩法。

教师：每个幼儿选择一种胸饰扮演一种动物，到食品柜台选取自己喜欢吃的食物，然后坐下来跟好朋友交流自己喜欢吃的是什么。

3. 幼儿自主游戏；教师鼓励幼儿与同伴大胆讲述，引导幼儿在游戏中遵守规则，提醒幼儿根据自己扮演的角色正确选择适合的食物。

活动延伸

★区域活动：将游戏“我喜欢吃……”的材料投放于语言区，引导幼儿继续收集其他食物及小动物的图片，和小伙伴说一说、找一找谁喜欢吃什么。

活　动　二

活动目标

✲观察画面中动物吃食物时的表现，用语言大胆表达。

✲提高观察、理解及表达能力。

✲喜欢与教师、同伴一起观察和阅读图书，体验吃食物是开心的事情。

活动准备

❖经验准备：幼儿已初步阅读过图画书《早餐，你喜欢吃什么?》，对不同动物爱吃的食物有初步的了解。

❖物质准备：与图画书画面顺序相一致的课件，图画书中动物吃到食物后的画面组合课件，《早餐，你喜欢吃什么?》大图画书，好吃的食物若干。

活动过程

一、引导幼儿回忆自己吃过的早餐，激发幼儿参与活动的兴趣。

教师：早餐你们最喜欢吃什么？当你吃到好吃的食物时心情怎么样？你会做些什么事情？

二、出示与图画书画面顺序相一致的课件，引导幼儿分页观察画面中的动物吃食物时的表现。

教师：动物们也有自己喜欢吃的食物，它们吃到好吃的食物时有什么表现呢？我们一起来看看。

1. 引导幼儿观察画面二中的小猫。

教师：小猫一下子就把鱼吃完了，它的心情怎么样？它的表情是怎样的？它吃到好吃的小鱼会说什么？

2. 引导幼儿观察画面三至画面七中的动物形象，引导幼儿用声音、肢体动作表现动物吃到食物的愉悦之情。

教师：瞧，小狗看见好吃的肉骨头做了什么？哦，它高兴地“汪汪汪”地叫了起来，我们一起来学小狗高兴地叫一叫……

3. 引导幼儿观察画面八，引导幼儿猜想动物之间的对话。

教师：小牛、小马、大象一下子就把青草吃完了，当它们看到小羊盘子里还有青草时会说些什么呢？请你和你旁边的朋友说说看。

4. 引导幼儿观察、交流画面十一，了解早餐的重要性。

教师：你们瞧，小宝宝吃了早餐吗？他吃早餐的时候心情怎么样？你从哪里看出来？他为什么这么喜欢吃早餐？

5. 师幼共同小结。

教师：哦！吃了早餐肚子不会饿，身体会很健康，小朋友会长高。

三、完整阅读故事，进一步体验故事中动物吃食物时愉快的情绪。

1. 师幼共读大图画书。

教师有感情地逐页讲述图画书，引导幼儿边表演动物的动作边与教师一起讲述故事中的对话部分，重点引导幼儿通过肢体动作表现动物对食物的喜爱之情。

2. 出示动物吃到食物后的画面组合课件，梳理图画书中动物吃到自己喜爱的食物的情感表现，引导幼儿大胆表述自己的理解。

教师：动物们都有自己喜欢吃的东西，吃到好吃的东西时它们的心情怎么样？你瞧它们做了什么？大家都很高兴地吃完自己喜欢的早餐，让自己的身体棒棒的，心情可真好呀。

四、体验吃到好吃的食物时愉快的心情。

教师：你们想不想吃好吃的食物？教师准备了许多好吃的食物，我们洗洗手一起来品尝一下吧。告诉我，你吃了什么？你的心情怎样呀？

活动延伸

★区域活动：科学区中开展配对游戏“动物的早餐”，生活区中引导幼儿准备自己的早餐——“倒牛奶、切香蕉、捣花生”，美工区中引导幼儿开展撕贴画活动“好吃的食物”。

★家园共育：引导幼儿回家后和家长合作制作小书《早餐，你喜欢吃什么?》，与家长讨论盘子里还会有什么，可能是谁喜欢吃，将内容画下来装订成册，并带到幼儿园中与同伴一起阅读。

不要再笑了，裘裘！（中班）

设计者：欧美榕

活动一

活动目标

✲自主观察画面内容，大胆讲述看到的内容。

✲能逐页翻书，学会安静倾听同伴讲话。

✲初步感受生动的画面和幽默有趣的情节，体验阅读的乐趣。

活动准备

∴经验准备：幼儿了解了负鼠的生活习性及自我保护的方式。

∴物质准备：“不要再笑了，裘裘！”课件，故事梳理图示，幼儿人手一本《不要再笑了，裘裘！》图画书。

活动过程

一、谈话引入，调动幼儿已有体验，激发幼儿参与活动的兴趣。

教师：小朋友们，你们喜欢笑吗？遇到什么事时会笑呢？有一位妈妈看见它的宝宝笑却有些担心，这是怎么回事呢？秘密就藏在这本书里。

二、出示图画书，引导幼儿观察封面、了解书名，由书名引发对故事内容的猜想。

教师：你们认识它们吗？负鼠宝宝有个好听的名字，叫裘裘。这本书的名字叫《不要再笑了，裘裘！》，听到这个名字，你们猜猜，书里会讲一个什么样的故事。

［美］庆子·凯萨丝　文/图
汪　芳　译
江苏少年儿童出版社

三、引导幼儿观察画面，大胆讲述看到的内容。

1. 播放课件，引导幼儿观察画面一、画面二，讲述故事开始部分。

教师：裘裘要学的最重要的本领是什么呢？为什么要学装死？

2. 播放课件，引导幼儿细致观察画面三至画面八，体验“闻啊闻啊”“戳啊戳啊”“晃啊晃啊”动作的乐趣。

（1）提问并通过图示梳理负鼠妈妈的动作。

教师：负鼠妈妈做了什么动作，我们一起来学学这个动作。

（2）幼儿相互做“闻啊闻啊”“戳啊戳啊”“晃啊晃啊”的动作，增加阅读的乐趣。

（3）引导幼儿猜想接下来的故事情节。

教师：后来负鼠妈妈带裘裘到树林里练习装死，谁出现了？你们猜猜看，接下来可能发生什么事情。

四、幼儿自主阅读图画书，教师观察指导。

1. 教师提出自主阅读要求，幼儿自主阅读画面九至结尾部分内容。

（1）引导语。

教师：接下来发生了什么事呢？请小朋友们自己翻开图画书，从画面九即大熊出现后那一页开始，看到最后一页。

（2）提出自主阅读的要求。

教师：看书的时候，请你们按页码顺序翻看，可以小声地边看边讲，但不能影响别人。

2. 巡回指导，重点观察幼儿在阅读中遇到的困难和问题。

3. 幼儿交流讨论，教师进一步通过故事梳理图示梳理故事内容。

（1）引导语。

教师：你们都看懂了吗？有什么看不懂的地方可以提出来问一问其他小朋友。

（2）引导幼儿相互提问、解答问题。例如，有的幼儿提出“大熊为什么坐在那里不动”“大熊为什么哭得那么伤心”“大熊和裘裘说什么”等问题，可请其他幼儿解答，提高幼儿对作品内涵的认知。

（3）引导幼儿尝试讲述故事。

教师：谁愿意给大家讲讲你看到的故事？

五、开展游戏“大熊来了”，引导幼儿通过游戏，体验图画书中故事的有趣。

1. 提出游戏规则。

教师：老师扮演大熊，小朋友们扮演小负鼠，“大熊”出现，“小负鼠”要装死不动。

2. 师幼共同游戏。

六、以猜想的方式结束活动，激发幼儿继续阅读的兴趣。

教师：裘裘就像真的死了一样，大熊此时为什么哭了？过了一会儿，为什么又哈哈大笑，这是怎么回事呢？

活　动　二

活动目标

✲能倾听故事，感受故事情节变化带来的惊奇和有趣。

✲理解、体会主人公的善良和乐观。

✲学会在日常生活中保持快乐的情绪。

活动准备

✣“不要再笑了，裘裘！”课件，《不要再笑了，裘裘！》大图画书。

活动过程

一、回忆故事内容，调动幼儿已有经验。

教师：上次我们一起阅读的故事叫什么名字？故事里说了什么？

二、感受画面表达的故事内容，进一步理解故事内涵。

1. 出示大图画书，与幼儿一起逐页阅读画面一至画面十二。

（1）引导幼儿观察画面一至画面六，并提问。

教师：妈妈和袭袭练习装死，袭袭学会了吗？妈妈什么表情？心里想什么？

（2）引导幼儿观察画面七至画面十二，并提问。

教师：妈妈教袭袭练习装死，怎么练习都没有成功，可是大熊一来，它就能装得像真的死了一样，为什么？

（3）引导幼儿认真观察画面十二。

教师：请你们猜猜大熊这时在想什么。

2. 与幼儿一起阅读画面十三至画面十六。

（1）引导幼儿观察画面十三至画面十六，并提问。

教师：袭袭就像真的死了一样，大熊为什么哭了？过了一会儿，为什么又哈哈大笑，这是怎么回事呢？

（2）引导幼儿两两讨论交流。

3. 引导幼儿观察画面十四、画面十五，扮演大熊和袭袭，猜想它们之间的对话。

教师：大家一起来学学大熊的动作和袭袭的动作，猜猜它们可能在说什么。

三、完整讲述故事，师幼共同完整欣赏图画书。

教师：大熊为什么哭了？过了一会儿，为什么又哈哈大笑？这是怎么回事呢？大熊和袭袭它们在说些什么呢？我们一起来完整地看看、听听这个故事吧。

四、交流讨论，升华主题。

教师：你们喜欢袭袭和大熊吗？为什么？（引导幼儿感受作品中主人公的善良、互相帮助等优秀品质。）

五、将图书投放于阅读角，鼓励幼儿继续欣赏、阅读图书。

教师：这个故事有趣吗？书里还有很多细节都很有趣，老师把这本书放在阅读角，大家可以再去阅读，一定能发现更多有趣的地方，并把它讲给我们听，好吗？

活动延伸

★区域活动：在科学区中投放有关动物自我保护的图片和幼儿收集的资

料；在表演区中投放小负鼠头饰、负鼠妈妈头饰、沙发、床等材料，引导幼儿表演故事。

大卫，不可以（中班）

设计者：林　敏

活动目标

✲能认真辨认书中大卫活动的场所，大胆讲述自己看到或者猜到的内容。

✲学会安静倾听同伴说话和正确翻阅图书。

✲喜欢阅读图画书，感受妈妈的爱和关怀，知道在生活中不能想做什么就做什么，有不可以做的事情。

活动准备

✣物质准备："大卫，不可以"课件，幼儿人手一本《大卫，不可以》图画书。

［美］大卫·香农　文/图

余治莹　译

河北教育出版社

活动过程

一、封面引题，激发幼儿的阅读兴趣。

1. 提问。

教师：今天我们一起来看一本有趣的书，先来看看它的封面。封面上有谁？他在做什么？接下来可能会发生什么事情？

2. 引出书名《大卫，不可以》。

教师：这本书的名字叫作《大卫，不可以》。

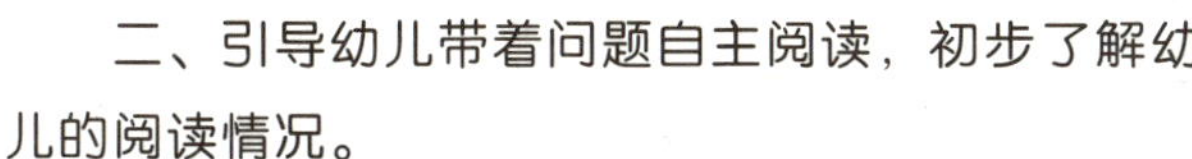

二、引导幼儿带着问题自主阅读，初步了解幼儿的阅读情况。

1. 提出问题。

教师：你们想知道大卫还做了什么事吗？做这些事时他心情是什么样的？

2. 提出翻阅图画书的要求。

教师：看书的时候，请你们按页码顺序翻看，可以小声地边看边讲，但不能影响别人。

3. 幼儿两两交流。

教师：和旁边的朋友说一说你看到了大卫还做了什么事、他的心情是什

么样的。

4. 集中交流。

教师：谁愿意和大家说一说看到了大卫还做了什么事、他心情是什么样的？

三、播放课件，引导幼儿阅读画面一至画面十三，认真观察大卫活动的场所，了解大卫淘气、好奇、爱探索的性格，体会妈妈无时无刻地关注着大卫，感受妈妈对大卫深深的爱。

1. 引导幼儿观察画面一至画面四，并回答问题。

教师：大卫在做什么？大卫脸上的表情是怎么样的？妈妈会对大卫说什么？为什么？

2. 引导幼儿观察画面五至画面七。

教师：吃饭时间到了，大卫在做什么？妈妈会对他说什么？

3. 引导幼儿观察画面八，并回答问题，丰富词语“垂头丧气”。

教师：天很晚了，大卫还在干什么？妈妈会对大卫说什么？大卫的表情是什么样的？

4. 引导幼儿观察画面九至画面十一，并回答问题。

教师：大卫还有一些坏习惯，看看都是什么。你要是大卫的妈妈，会对他说什么？

5. 引导幼儿观察画面十二、画面十三，并回答问题。

教师：大卫又准备玩什么了？他在哪里玩？妈妈大声地叫：“大卫，不可以在屋子里玩!”可是，妈妈的“不可以”有没有阻止他玩棒球？猜猜接下来会发生什么样的事情。

6. 集体交流讨论。

教师：看到这儿，你喜欢大卫吗？为什么？要告诉大卫什么？

四、师幼共同阅读画面十四、画面十五，引导幼儿体会虽然大卫的妈妈都在说“不可以”，但妈妈是爱他、关心他的。

教师：大卫做了这么多淘气、危险、懊恼的事情，你们觉得妈妈会原谅他吗？妈妈爱不爱大卫？为什么？

五、幼儿分享交流自己在家的表现，表达对妈妈的爱。

教师：平时我们在家里能和大卫一样吗？为什么？你爱你的妈妈吗？怎样让妈妈知道我们这么爱她呢？

活动延伸

★家园共育：鼓励幼儿回家后，用实际行动来表达对妈妈的爱。

蚂蚁和西瓜（大班）

设计者：郑凌彬

活动目标

✲学习独立、有序地阅读图书，能一页一页地讲述故事内容。

✲能根据画面创造性地想象，并把自己的想法记录下来。

✲喜欢参加阅读活动，体验故事的有趣，感受团结友爱的情感。

活动准备

田村茂　文/图

蒲蒲兰　译

二十一世纪出版社

∵经验准备：幼儿了解蚂蚁的生活习性和特点，品尝过西瓜。

∵物质准备："蚂蚁与西瓜"课件，幼儿人手一本《蚂蚁与西瓜》图画书，每组一张记录纸、一支笔。

活动过程

一、谈话引题，激发幼儿参与阅读活动的兴趣。

教师：小朋友们都知道蚂蚁，你们平时看见蚂蚁在做什么？蚂蚁能做许多的事情，你们知道蚂蚁的世界是怎样的吗？我们一起来看看。

二、出示画面六，引导幼儿细致观察画面，初步感知蚂蚁生活的丰富多彩。

1. 引导语。

教师：请小朋友们翻到图画书的这一页，认真观察图片，看看图片上蚂蚁在干什么。

2. 幼儿自主观察画面六，教师重点引导幼儿细致观察图片内容及蚂蚁的动作，鼓励幼儿大胆表达、交流。

3. 师幼共同梳理并小结画面六中的内容，幼儿学说图片中的词语"盐""果汁""饼干"等。

教师：蚂蚁会修鞋、挤牙膏、用树叶种蘑菇、制作糖果等。

三、师幼共同阅读画面一，教师引导幼儿仔细观察并大胆表达，丰富词语“红红的”“大大的”“诱人”。

教师：一个炎热的夏天，四只蚂蚁出来找东西吃，它们发现了一块大西瓜。小朋友们认真看看西瓜是怎样的呀。

四、师幼共同阅读画面二，引导幼儿大胆猜想并用简单的符号记录自己的想法。

1. 引导语。

教师：西瓜这么诱人，四只小蚂蚁开始吃西瓜，可是西瓜这么多它们吃不完，它们想到了自己的同伴，决定把西瓜搬回去。

2. 鼓励幼儿迁移已有经验，大胆想象并用简单的符号记录想到的办法。

教师：小蚂蚁会怎样搬西瓜？请你们在小组中讨论小蚂蚁搬西瓜的方法，并请每组的小组长用简单的符号记录下来吧。

3. 分享交流。

教师：每组请一个代表介绍一下本组想到的好办法。

五、引导幼儿细致观察小蚂蚁搬西瓜的画面内容，理解小蚂蚁想到的搬西瓜的好办法。

教师：小蚂蚁怎么把西瓜搬回城堡？城堡变成了什么？西瓜吃完后变成了什么？

六、引导幼儿自主、完整地欣赏图画书内容，进一步感受小蚂蚁搬西瓜的生动有趣的故事情节。

1. 出示图画书封面介绍书名，激发幼儿再次阅读的兴趣。

教师：我们刚才看了这么多有关蚂蚁的故事，它们都在一本书里，这本书的题目叫作《蚂蚁和西瓜》，讲了许多蚂蚁和一块西瓜的故事。到底这本书从头到尾说了什么，好看在哪里？请你们完整地看一遍。

2. 提出自主阅读的要求。

教师：要爱护图书、逐页轻轻地翻看；注意阅读的姿势，与书保持一定的距离；想一想你最喜欢哪一页，为什么。

3. 幼儿自由翻看图书，教师重点引导幼儿细致观察蚂蚁搬西瓜的生动有趣的故事情节。

七、师幼共同讨论，让幼儿了解生活中要团结友爱。

教师：蚂蚁不管做什么事情都是大家一起做。蚂蚁力量小，需要大家合作才能把事情做好，因为团结力量大。小朋友们，我们在生活中遇到问题要向谁学习呢？要怎么做？

活动资料

一个炎热的夏天，四只出来觅食的蚂蚁发现了一块西瓜。西瓜红红的、大大的，有好多好多的汁水，看起来真诱人呀！它们打了一个洞，到了西瓜内部，又出来了，它们想把这块西瓜搬回家。一只蚂蚁，两只蚂蚁，四只蚂蚁，它们推呀推，却怎么也推不动，都累得趴倒在地上。于是，它们让一只蚂蚁去蚂蚁城堡里搬救兵，这只蚂蚁大呼："喂，我们在草地上发现好东西了。"

蚂蚁王国从来都是忙忙碌碌、井井有条的。你们看看细节图：这估计是蚂蚁王国的厨房，它们用放大镜生火，并且制造了抽油烟机。这几个蚂蚁正在健身房健身呢。你知道这只蚂蚁为什么在牙膏上蹦吗？因为这样能既快又省力地挤出牙膏刷牙。那位蚂蚁鞋匠在为蚂蚁家族的成员们修鞋呢。这些蚂蚁正在用树叶种植蘑菇呢，我在书上看到过蚂蚁会用树叶种蘑菇，没想到今天真的看到了。还有一些蚂蚁们正在用小水桶倒水，它们还会用水龙头呢。

好多蚂蚁来到了西瓜身边，蚂蚁们用木棍和石头做了一个杠杆，可是西瓜还是纹丝不动。它们用铲子挖，但是西瓜太大了，每次只能铲出那么一点点，但是团结力量大，它们用铲子、十字镐来挖西瓜，然后装到吊车里来运输西瓜。它们的城堡变成了红色的海洋，到处都是甘甜可口、鲜嫩多汁的西瓜，连瓶子里装的都是好喝的西瓜汁。但是西瓜太多了也会给它们带来许多祸患。它们决定把剩下的西瓜都吃了，它们的肚子已经胀得要爆炸了，正躺在地上休息呢。它们用西瓜皮做了一个滑梯，坐在树叶上飞快地向下滑，它们玩得多高兴呀！

我的幸运一天（大班）

设计者：林嘉颖

活　动　一

活动目标

✲学习运用图画书开篇的情节继续创编故事。

✽提高语言表达能力、想象力和小组合作能力。

✽积极地参与小组创编故事活动，体验和同伴分享故事的乐趣。

活动准备

✣物质准备：《我的幸运一天》大图画书，每组一张图画纸、一套水彩笔、一张记录纸。

活动过程

一、出示图画书封面，激发幼儿参加活动的兴趣。

教师（手指封面）：今天我们的图书角里增添了一本书，我们一起来看看吧。书的封面上有谁？会是一个什么样的故事呢？

二、出示图一至图五，引导幼儿了解故事的开头，激发幼儿创编的兴趣。

1. 有感情地逐页讲述画面一至画面五的内容。

2. 通过提问激发幼儿创编的兴趣。

教师：小猪被狐狸一把抓到了家里，接下来会发生什么事呢？小猪有没有被狐狸吃掉呢？请你们一起来猜一猜、想一想。

[美] 庆子·凯萨兹　文/图
吴小红　译
江苏少年儿童出版社

三、教师提出创编故事的要求，幼儿自主创编故事。

1. 请个别幼儿创编故事；教师逐一引导幼儿梳理创编故事的要素，鼓励幼儿大胆地想象合理的故事情节。

2. 提出创编的要求。

（1）每个组员轮流创编故事。

（2）组长用简单的图示符号记录每个小组成员创编的故事内容。

（3）其他组员要认真听。

（4）评选出小组中创编最好的一个故事进行小组集体交流。

3. 幼儿创编故事，教师引导幼儿大胆想象故事的情节，组长进行梳理记录。

4. 集体交流，教师引导幼儿对创编的故事情节的合理性进行评价。

（1）各组展示记录情况。

（2）由一名代表讲述本组推选出的创编故事。

（3）师幼共同讨论、评价，重点评价故事情节的合理性。

四、小组合作制作图画书。

1. 提出合作制作图画书的要求。

（1）小组成员共同协商每一页的画面内容。

（2）由组长分配组员用简单的符号画出每一页的内容。

（3）按顺序装订成图画书。

2. 幼儿分组制作图画书，教师重点引导幼儿协商图画书每一页画面的内容。

3. 集体分享阅读，请两至三组的幼儿分享自制的图画书，集体评价。

活动延伸

★区域活动：鼓励幼儿在语言区、美术区、表演区继续创编故事、自制图画书并进行表演。

活　动　二

活动目标

✻学习自主阅读，能细致观察狐狸、小猪的神态、动作，理解画面内容。

✻养成自主阅读的习惯，提高观察力和倾听能力。

✻喜欢参加阅读活动，感受书中小猪被抓后诙谐的富有创意的故事情节。

活动准备

⁘经验准备：幼儿阅读过《我的幸运一天》画面一至画面五的内容，并进行了小组创编故事。

⁘物质准备：《我的幸运一天》大图画书，“我的幸运一天”课件，幼儿人手一本《我的幸运一天》，故事梳理图示，笑脸贴纸若干。

活动过程

一、出示课件，展示画面一至画面五的内容，激发幼儿阅读的兴趣。

教师：上一次，我们在《我的幸运一天》这本书里看到了“一只狐狸想去找午餐，一只小猪敲错了门，狐狸一把把它抓到了屋子里”的故事情节。

我们分小组创编了接下来会发生的故事，有的说猪妈妈救了小猪，有的说小猪趁狐狸门没锁逃了出来。究竟接下来会发生什么事呢？我们一起去看看吧！

二、通过自主阅读、师幼分享阅读等形式，引导幼儿带着问题阅读，初步感受小猪的机智和狐狸被愚弄的诙谐、幽默。

1. 幼儿自主阅读，教师引导幼儿初步理解画面内容。

（1）提出自主阅读的要求。

教师：小猪有没有被狐狸吃掉？结果怎样？请你带着问题认真看。要爱护图书，逐页轻轻地翻看；请与书保持一定的距离。

（2）幼儿自由翻看图书；教师重点引导幼儿细致观察小猪和狐狸的动作和表情，并观察、了解幼儿对图画书的理解情况与存在的问题。

（3）幼儿两两交流。

教师：你看到了什么？请你和你的小伙伴说一说。

2. 师幼完整阅读图画书。

（1）出示大图画书，有感情地完整讲述故事。

教师：小猪想了几个办法对付狐狸？狐狸帮它做了哪些事？请你们边听边看。

（2）集体交流，师幼共同熟悉画面内容。

3. 幼儿分享阅读，教师引导幼儿进一步熟悉画面内容，体会作者的创意。

（1）出示故事梳理图示并提出分享阅读的要求。

教师：两个小朋友一起讨论，一个人说一个人听；说的小朋友说到哪里，听的小朋友就用手指到相应的画面；一起讨论出你们认为最有趣的画面，把笑脸贴纸贴在上面。

（2）幼儿两两分享阅读，教师引导幼儿细致观察画面，选出最有趣的情节。

（3）师幼共同交流，体验幽默、诙谐的画面情节。

教师：哪一个画面最有趣？为什么？

三、引导幼儿表演部分情节，充分感受并表现作品的幽默、诙谐。

1. 提出表演要求。

（1）找一个好朋友互相扮演狐狸和小猪。

（2）选择图画书中的一些情节来表演，比如狐狸帮小猪洗澡或狐狸帮小猪按摩。

（3）可以互相交换角色表演。

2. 幼儿自主表演。

活动延伸

★区域活动：鼓励幼儿在语言区、表演区进一步阅读和表演故事。

图书在版编目（CIP）数据

幼儿园语言教育活动指导与设计/福州市儿童学园编.
—福州：福建人民出版社，2017.5
ISBN 978-7-211-07631-4

Ⅰ.①幼… Ⅱ.①福… Ⅲ.①语言教学—学前教育—教学参考资料 Ⅳ.①G613.2

中国版本图书馆 CIP 数据核字（2017）第 076252 号

幼儿园语言教育活动指导与设计
YOU'ERYUAN YUYAN JIAOYU HUODONG ZHIDAO YU SHEJI

主　　编： 叶　钟
副 主 编： 张　岚　黄有芳　赵　葵　吴晓鹏　林　雯
责任编辑： 赵　玮
助理编辑： 林　静
出版发行： 海峡出版发行集团
福建人民出版社　**电　　话：** 0591-87533169（发行部）
网　　址： http://www.fjpph.com　**电子邮箱：** fjpph7211@126.com
地　　址： 福州市东水路 76 号　**邮政编码：** 350001
经　　销： 福建新华发行（集团）有限责任公司
印　　刷： 福建省地质印刷厂
地　　址： 福州市塔头路 2 号　**邮政编码：** 350011
开　　本： 720 毫米×1000 毫米　1/16
印　　张： 9.25
字　　数： 147 千字
版　　次： 2017 年 5 月第 1 版　2017 年 5 月第 1 次印刷
书　　号： ISBN 978-7-211-07631-4
定　　价： 35.00 元

本书如有印装质量问题，影响阅读，请直接向承印厂调换